区域协调发展战略下
胶东经济圈
一体化发展研究

▲

邵光平　胡丽娜　王绍宗 等 著

中国城市出版社

审图号：鲁SG（2022）040号

图书在版编目（CIP）数据

区域协调发展战略下胶东经济圈一体化发展研究 /
邵光平等著. — 北京：中国城市出版社，2022.12

ISBN 978-7-5074-3552-8

Ⅰ.①区… Ⅱ.①邵… Ⅲ.①区域经济一体化—研究
—山东 Ⅳ.①F127.52

中国版本图书馆CIP数据核字（2022）第229747号

责任编辑：焦　扬
书籍设计：锋尚设计
责任校对：李美娜

撰写人员：邵光平　胡丽娜　王绍宗　卢　佳　孙琳惠　杨　洁　赵　静
　　　　　李传杰　张长城　李文君　韩　青　尹宏玲　李　爽　李小寒
　　　　　刘晨阳　张梓轩　石云涛　刘　沼　孙晓婷　项洪敏　方景敏

区域协调发展战略下胶东经济圈一体化发展研究

邵光平　胡丽娜　王绍宗 等 著

*

中国城市出版社出版、发行（北京海淀三里河路9号）

各地新华书店、建筑书店经销

北京锋尚制版有限公司制版

北京建筑工业印刷厂印刷

*

开本：787毫米×960毫米　1/16　印张：11　字数：156千字

2023年1月第一版　2023年1月第一次印刷

定价：**68.00**元

ISBN 978-7-5074-3552-8

　　（904568）

内容简介

———— ▲ ————

    实施区域协调发展战略是新时代国家重大战略之一，是贯彻新发展理念、建设现代化经济体系的重要组成部分。山东作为我国由南向北扩大开放、由东向西梯度发展的战略节点，在全国区域发展布局中占有重要地位。"十四五"时期是我国全面建设社会主义现代化强国的第一个五年，也是山东省认真落实习近平总书记重要指示批示，实现"走在前列、全面开创"奋斗目标的关键五年。面对新形势新要求，山东省委、省政府高度重视区域协调发展，将其作为建设新时代现代化强省的八大发展战略之一，着力构建"一群两心三圈"的区域发展新格局。

    本书在系统梳理区域协调发展内涵及理论研究等的基础上，理清山东省区域布局演变的脉络，解读新时代山东省区域布局与协调发展的目标和路径，并选取发展活力强劲的胶东经济圈进行研究，重点对胶东经济圈一体化发展的现状基础、整体思路、重点任务和推进事项进行了详细阐述。本书为新时代致力于区域协调发展的管理者、理论研究与基层工作者，以及关注山东省发展的社会各界研读山东省区域协调发展提供载体和平台，为各地深入实施区域协调发展战略提供决策参考和基础依据。

前　言

———— ▲ ————

实施区域协调发展战略是新时代国家重大战略之一，是贯彻新发展理念、建设现代化经济体系的重要组成部分。党的十八大以来，围绕不断丰富完善区域发展的理念、战略和政策体系，习近平总书记亲自谋划、亲自部署、亲自推动了京津冀协同发展、长江经济带发展、黄河流域生态保护和高质量发展等重大区域发展战略，进一步完善支持四大板块发展的政策，确立了一系列区域协调发展目标。山东是我国由南向北扩大开放、由东向西梯度发展的战略节点，在全国区域发展布局中占有重要地位。实施区域协调发展战略，调整完善区域政策体系，加快推进山东省区域一体化发展，全面推进区域合理布局与协调发展，是融入国家重大区域战略的必然要求，也是实现新时代现代化强省建设的有效路径。

2020 年 1 月，习近平总书记在主持召开中央财经委员会第六次会议时强调，要发挥山东半岛城市群龙头作用，推动沿黄地区中心城市及城市群高质量发展。"十四五"时期是我国全面建设社会主义现代化强国的第一个五年，是山东省认真落实习近平总书记重要指示批示，实现"走在前列、全面开创"奋斗目标的关键五年。面对新形势新要求，山东省委、省政府高度重视区域协调发展，将其作为建设新时代现代化强省的八大发展战略之一，着力构建"一群两心三圈"的区域发展新格局，积极推进省会、胶东、鲁南三大经济圈一体化发展，培育全省高质量发展新引擎。2020 年以来，先后出台《贯彻落实〈中共中央　国务院关于建立更加有效的区域协调发展新机制的意见〉的实施方案》和省会、胶东、鲁南三大经济圈一体化发展指导意见和"十四五"一体化发展规划，搭建了"1 个实施方案 +3 个指导意见 +3 个规划"的区域协调发展政策体系，进一步明确了新时代山东省区域协调发展的方向。

《区域协调发展战略下胶东经济圈一体化发展研究》是对新时代山东省区域发展新格局以及胶东经济圈一体化发展的详细解读。第一、二章主要为理论部分，包含区域协调发展的理论分析、经济圈及相关概念的界定和比较分析，系统梳理了区域协调发展的概念内涵、相关理论以及案例研究，并界定和比较了经济圈、都市圈和城市群的相关关系；第三章到第五章在解读新时代山东省区域布局与协调发展目标、路径的基础上，重点对胶东经济圈一体化发展的现状基础、整体思路和重点任务进行了研究解读；第六章详细梳理了胶东经济圈实施两年来开展的工作和重点推进的事项；附录整理了山东省区域协调发展相关政策索引以及胶东经济圈一体化发展大事记等。该书为新时代致力于区域协调发展的管理者、理论研究与基层工作者，以及关注山东省、胶东经济圈发展的社会各界了解、研读山东省区域协调发展提供载体和平台，为各地深入实施区域协调发展战略提供决策参考和基础依据。

《区域协调发展战略下胶东经济圈一体化发展研究》的编写工作得到了有关领导和专家的悉心指导，得到了胶东经济圈一体化联席会议办公室的大力支持与积极协助，在此一并致谢。

邵光平

2022 年 8 月

目　录

第一章

▲

区域协调发展的
理论分析

1

———— ▲ ————

　　协调发展是当今研究的热点问题之一。随着经济全球化和城市化进程的大力推进，我国区域间的差距不断拉大，区域发展的不平衡性日益明显，已经成为困扰我国经济社会平稳健康发展的突出问题。因此，缩小地区差异、促进区域协调发展，是我国现阶段发展的基本方向和重要任务。

———— ▼ ————

第一节

▲

区域协调发展的概念内涵

为了解决改革开放以来区域经济差异逐渐扩大、区域发展不平衡日益显著的现实问题，我国于 20 世纪 90 年代初提出了区域协调发展的概念，旨在发挥各地区的比较优势，畅通要素流通，消除或缓解不同地区发展不平衡不充分的问题，创造更大的经济和社会效益，提高我国综合发展水平。

国外学者的研究中，未涉及明确的"区域协调发展"概念，相对应的概念是区域趋同（收敛／约束），即地区间的收入差距随着时间的推移逐渐缩小的现象。国内学者对于区域协调发展内涵的研究成果相对比较丰富。区域协调发展的内涵随着区域发展实践不断丰富，其演化历程大致可以分为三个阶段。

第一阶段的"区域协调发展"主要聚焦于经济领域，强调缩小不同地域之间的经济发展水平。改革开放前，我国的区域发展战略是一种较低水平的区域均衡发展思想，通过行政性的调节指令来平衡全国的生产力布局。改革开放之初，邓小平提出了先集中发展沿海地区、沿海地区再支援内陆发展的"两个大局"的区域发展战略，我国区域发展进入非均衡发展阶段。通过兴办经济特区、设立沿海开放城市等一系列手段，极大地推动了沿海地区的发展，但也导致了东西部地区在经济发展速度上的不平衡以及区域产业结构的僵化和失衡。为了缩小日益扩大的区域差距，自"九五"计划以来，中央先后提出和实施了西部大开发战略、东北振兴战略以及中部崛起战略，开启了区域协调发展战略的探索。这一阶段，围绕缩小地域间经济发展差距、逐步实现共同富裕的目标，诸多学者对"区域协调发展"的内涵认知主要停留在经济发展领域，强调区域之间经济总量与经济增速的逐步趋同，较少在社会、环境、资源等领域探究发展差异。

第二阶段的"区域协调发展"内涵逐渐丰富，社会发展、生态保护、公共服务供给等一系列非经济要素被逐步引入。在第一阶段缩小地区间经济发展差距的目标下，我国各地区普遍选择利用政策制度刺激区域经济增长，例如大范围地设立开发区与工业园区，以刺激 GDP 为导向引进与布局产业，不仅未能有效拉近发展差距，还出现了无序开发与恶性竞争等现象。由此，"区域协调发展"的内涵逐步走向丰富。首先是部分学者指出经济布局应与人口分布状况大致均衡，从而使各地区人民的生活水平大致相当，由此引入"区域协调发展"对于人均水平的强调。而后，诸多学者相继引入社会发展、环境保护等因素扩充"区域协调发展"的内涵。这一阶段，学术界开始形成系统化认识"区域协调发展"的共识，即"区域协调发展"是地区之间在经济、社会、生态发展上相互联系、关联互动、正向促进，区域利益同向增长，区域差异趋于缩小的状态和过程。

第三阶段的"区域协调发展"更加注重"效率"与"公平"的动态平衡，将"区域协调发展"的内涵由弥补地域之间的发展差距向引导相对公平的发展机会进行升华。综观世界各国的经济发展历程，不难发现区域间发展的不均衡是普遍存在的。我国幅员辽阔、区域跨度大，不同地区之间资源禀赋、人口规模、历史和自然条件等要素差异化十分显著，长期积累的发展差异更是难以完成均衡化的过程，所以关于"区域协调发展"的界定就出现了"均衡"和"非均衡"的争论。前两个阶段更加倾向于"均衡"的观点，力主区际之间发展水平的趋同，而这一阶段则更加倾向于"非均衡"的观点，强调公平的发展机会与一体化的发展趋势。在一定时期内，区域协调发展战略需要对效率和公平进行均衡和取舍，这个过程是动态的、长期的，不能盲目地为了追求平衡而牺牲效率。这一阶段，"区域协调发展"的内涵打破了区域均衡理论的传统认知，将其重点关注方向由协调发展速度转为协调发展利益，由均衡发展结果转为均衡发展机会。

综合以上分析，笔者认为区域协调发展具有四方面的含义：一是缩小地区发展差距。当前推进区域协调发展的重要任务之一，就是促进区域内部和区域间的要素流动与协调，有效遏制收入分配差距持续扩大。二是实现地区间公共服务适度均衡。完善基本公共服务均等化机制，加快实现教育、卫生、医疗、文化、社会保障等基本公共服务均衡化。三是实现地区间发展机会均等，包括资源开发、企业进入、基础设施、城市建设、乡村振兴等方面的机会均等，有效发挥各地区的比较优势，促进区域间的资源共享、优势互补。四是实现人口、资源与环境的可持续发展。可持续性是区域协调发展的内在要求，只有让人与自然关系处于和谐状态，才能真正做到区域可持续发展。

第二节

区域协调发展的相关理论

一、区域经济发展理论

（一）区域均衡发展理论

均衡增长理论认为随着生产要素的区际流动各区域的要素边际报酬差异消失，经济发展水平终将趋向收敛。由于不发达区域存在着生产和消费水平较低的问题，它们希望借助均衡发展理论摆脱困境，认为区域经济的持续发展应通过在区域内均衡布局生产力、均衡发展各产业来实现。代表性理论主要有大推进理论、贫困恶性循环理论等。

罗森斯坦－罗丹的大推进理论认为实现工业化是落后地区从根本上解决贫困问题的关键，形成资本是经济发展的核心。无法依靠小规模、个别的部门投资解决问题。由于社区分摊资本、市场需要和储蓄供给三方面不可分割，需要通过"大推进"，即在各个工业部门同时进行全面的大量投资，建立起完整的工业体系，才能创造存在外部效益、规模经济及相互依赖互为市场的市场体系。

纳克斯的贫困恶性循环理论从资本供给和资本需求两个方面分析了资本稀缺对落后地区的阻碍作用。从资本供给看，形成"低收入——低储蓄——资本短缺——生产率低——低收入"的恶性循环；从资本需求看，形成"低收入——购买力不足——投资引诱不足——资本形成量少——低生产率——低收入"的恶性循环。由此可见，落后地区无论在资本供给还是资本需求方面都处于贫困的恶性循环之中。要解决这个问题，需要同时对各个经济部门进行大量投资，使得各行业能够互相支持，为新进入的企业提供新的较大市场。

（二）区域非均衡发展理论

非均衡增长理论立足区域经济发展的客观规律，基于均衡发展理论存在的问题，认为发展中国家应该集中有限的资本和资源首先发展一部分产业，以此为动力逐步扩大对其他产业的投资，带动其他产业的发展。在地理空间上也应该选择部分条件优越的区域优先发展，并通过经济活动的扩散带动其他区域共同发展。代表性理论主要有增长极理论、循环积累因果理论、中心－外围理论等。

增长极理论由法国经济学家佩鲁提出，他认为增长不是出现于所有地方，而是以不同强度首先出现在一些增长点或者增长极上。经济增长起源于一个推动型部门，它超过平均水平的快速增长，并通过同其他部门的联系产生影响。之后，布代维尔将增长极与城镇和空间联系在一起，主导产业所在的城市就是增长极。所以增长极包含两个内涵，一是在经济上的推动型产业，二是产生集聚的城市作为地理空间上的增长中心。中心推动型产业对区域经济的推动是通过乘数效应和极化扩散效应来实现的。

循环积累因果理论由缪尔达尔提出，他认为经济发展最开始是从条件较好的地区开始，部分地区的初始优势使其比其他地区超前发展，由于既得优势和累积因果的发展不断积累有利条件促进地区的持续发展，这一过程会加剧地区间的不平衡，促使落后地区和发达地区之间产生空间相互作用。由此产生两种效应：一是回流效应，各种要素从落后地区流动到发达地区，加大了区域差距；二是扩散效应，各种要素从发达地区流回落后地区，减小区域差距。在市场机制下，回流效应会超过扩散效应，区域差距不断扩大。因此他提出的政策是，经济发展之初，政府应该集中力量先发展条件较好的地区，追求较快的发展速度和较高的投资效率；等到经济发展到一定程度时，为防止区域差距扩大，政府要制定针对性的政策来促进落后地区的发展，缩小区域差距。

中心－外围理论最早由劳尔·普雷维什提出，主要探讨发达国家和落后国家间中心－外围不平等体系及其发展模式与政策主张，之后弗里德曼将此理论引入区域经济学中，进一步拓展完善了中心－外围理论。该理论认为，任何国家的区域系统均是由中心和外围两个子系统构成的空间二元结构，其中中心区处于支配地位，并通过支配效应、信息效应、心理效应、现代化效应、生产效应及连锁效应等一系列反馈机制来进一步巩固自身支配地位，而外围区由于资源、区位等劣势条件处于依附地位；经济发展过程中中心区和外围区彼此不断相互作用，共同推进区域整体发展，发展初期，二元结构较为明显，空间表现为单核结构，随着经济飞速发展，单核结构逐步演化为多核结构，随着经济持续发展及政府政策的干预，中心与外围界限将逐步模糊，直至消失，经济发展达到一体化发展阶段。

二、区域经济关系理论

（一）空间相互作用理论

区域在空间中不是孤立发展的，区域之间存在着相互作用，城市与城市之间、城市与区域之间总是不断地进行物质、能量、人员和信息的交换和联系，这种相互作用直接影响了交互双方经济增长的路径。美国地理学家乌尔曼于 20 世纪 50 年代提出空间相互作用理论，并指出空间相互作用产生的条件有三个：互补性、干扰机会和可运输性。互补性是指相互作用的两地中必须有一地提供某种服务或产品，而另一地恰巧需要该服务或产品，由此产生的运输关系；干扰机会产生于同样能够提供该服务或产品的第三地，引起原起止地点的变更，产生新的流向；可运输性影响空间相互作用的发生与否，与距离有关，城市间的距离越远，空间相互作用就越小，即距离衰减规律。

空间相互作用是区域经济空间联系的内在推动力。其效应主要表现为区域的空间邻近效应、经济空间集聚与扩散效应。经济的空间邻近效应是指区域内各种经济活动之间或区域之间的地理空间位置关系对其相互联系所造成的影响，即由于区域内处于不同位置的经济活动主体相互联系的机会和接触程度不同，进而影响到整个区域空间的经济发展格局。经济的空间集聚和扩散分别是指资源、要素以及经济活动等在一定地理空间范围内趋于集中布局和分散布局的现象。集聚一般会在基础条件较好的地方发生，促进区域城市、经济中心区、产业密集区出现，但是集聚现象往往会扩大地域空间的经济差异。在区域发展的不同时期，集聚与扩散发挥着不同的作用。发展早期，主要是集聚力量在发挥作用，地区经济空间差异逐渐拉大；随着发展过程的继续，集聚地区某些经济部门趋近饱和，集聚向心力逐渐减弱，经济扩散力量开始扮演主要角色，区域空间差异逐渐减小。

（二）区域分工与合作理论

区域分工理论认为区域之间存在资源禀赋差异，为实现更大程度上的发展，应充分利用自身优势进行区域分工，获取效益最大化。专家学者在探究区域分工的过程中，往往从不同的层面加以考量，进而从中得出了不同的分工理论，如绝对成本理论、比较成本理论、要素禀赋理论等。

斯密的绝对成本说最先系统地研究了分工理论。该理论以劳动耗时量来衡量生产成本，认为各国都应该生产自己具有绝对成本优势的产品，而进口不具备成本优势的产品。之后，李嘉图提出了更具有普遍意义的比较成本理论，他认为资本和劳动力在国家之间不能完全自由地流转，故不应以绝对成本的大小作为国际分工和贸易原则，而是要依据比较成本来开展国际分工与贸易。郝克歇尔与俄林提出了要素禀赋优势理论。该理论认为各地区生产要素相对丰裕程度的差异是区域分工及区域贸易产生的主要原因，并由此决定了生产要素相对价格和劳动生产力的差异。新贸易理论通过修正传统理论固定规模收益的假定，引入不完全竞争、规模报酬递增、外部性等思想，揭示了产业间贸易的原因。现在国际分工有两个渠道：一是利用要素禀赋的差异实现国际分工，二是利用规模经济的生产来实现国际分工。要素禀赋差异决定了产业间的贸易，而规模经济决定了产业内的贸易。新贸易理论较为合理地解释了要素禀赋相似的国家之间进行的产业内贸易现象。

区域合作是在区域分工的前提下出现的，也是区域分工出现和发展的必然结果与高级阶段。合作可以促使区域间通过优势互补、优势共享或优势叠加，把分散的经济活动有机组织起来，把潜在的经济活力释放出来，形成一种合作生产力。合作为分工提供了保障，使区域经济专业化能够存在和发展。同时，通过合作可以冲破要素区际流动的种种障碍，促使要素向最优区位流动，加强区际经济联系，形成区内和区际复杂的经济网络，提高区域经济的整体性和协调能力。

第三节

▲

区域协调发展的研究进展

一、区域协调发展水平的评价研究

国外学者对于经济发展的综合测度的研究主要是基于物质生活质量指数（PQLI）、人类发展指数（HDI）等，并且以此数据对区域之间的发展状况进行对比分析。莫里斯于 1980 年提出物质生活质量指数，包括 1 岁时婴儿死亡率、预期寿命、识字率三个指标，测度物质福利水平。《1990 年人文发展报告》开创性地提出更为全面的方法来衡量国家的进步，即人类发展指数。伴随新一代涉及教育以及科技和气候变化不平等问题的出现，国外学者在现有研究基础上尝试将基础设施建设、创新发展、绿色发展等加入综合测评模型中来。

国内学者对于区域协调发展的综合测度的研究主要集中在评价区域的发展情况、区域之间的发展差距及协调发展情况、区域内部各要素之间的协调发展情况三个方面。方若楠等（2021）从经济运行、创新驱动、社会和谐与共享、资源环境可持续四个方面构建高质量发展评价指标体系，运用熵权法、Critic 法和空间 Dagum 基尼系数，全面揭示 2007—2018 年中国八大综合经济区高质量发展现状及其区域差异性。魏后凯（1996）、陈秀山（2004）、刘慧（2006）等人通过泰尔系数等计算了区域差距，以分析不同区域之间的差距变动情况。覃成林和崔聪慧（2019）利用区域经济协调发展度指标测度粤港澳大湾区的协调发展水平。张燕等（2012）以东部、东北、中部和西部地区为研究对象，以经济发展、生活水平、社会进步、环境友好为准则层，测算区域协调发展综合指数，对中国区域协调发展态势进行综合评价。冯江茹等（2014）构建以经济发展、社会进步、环境质量、资源状况为准则层的区域协调发展水平评价指标体系，测度四个子系统之间的关系，评价我国31个省级行政区的区域内部协调发展情况。

二、区域空间结构研究

19世纪上半叶到20世纪40年代，德国学者在研究农业、工业等产业活动的空间分布以及企业区位选择规律的基础上，创立了杜能农业区位论、韦伯工业区位论、克里斯塔勒中心地理论等古典区位理论，奠定了空间结构理论的发展基础。20世纪40年代以后，区域空间结构演化理论进一步丰富，胡佛提出了区域经济学的"三大基石"，即生产要素的不完全流动性、生产要素的不完全可分性、产品与服务的不完全流动性；还有学者提炼出了关于区域平衡与非平衡增长的大量理论学说，如1943年罗森斯坦－罗丹的大推进理论、1955年佩鲁的增长极理论、1957年缪尔达尔和卡尔多的循环累积因果理论和回流效应理论、1958年辛格和赫希曼的不平衡增长理论、1972年弗里德曼的核心－外围理论等。与此同时，部分学者开始进行定量分析研究。1953年哈格斯特朗首次提出空间扩散的问题；1931年赖利提出了"零售引力"模型；1949年康弗斯提出了两个城市间分界点的概念。20世纪80年代以后，区域空间结构研究进入深化阶段，融入了网络、空间组织等新的要素，开始关注经济全球化、国际分工、区域经济合作与竞争等突出问题，代表性理论和观点有新产业空间理论、新区域经济发展理论、孵化器理论、产业集群理论、全球性区域主义等。

国内学术界对区域空间结构的研究集中在区域空间结构的理论和实践层面。理论层面上，周起业（1957）、刘再兴（1989）等剖析了"梯度"理论、地域生产综合体的区域开发模式。陈栋生（1992）划分了东、中、西三大经济地带范围，提出经济总体布局和调整应遵循东、中、西的梯度依次推移。陆大道（1986）在中心地理论的基础上提出"点－轴系统"模式和国土开发与经济布局的"T"字形战略。陆玉麒（1998）通过对安徽省合肥－芜湖等沿江沿海区域的实证研究，总结出"双核空间结构"理论。实践层面上，陆大道等自1994年起利用"点－轴"模式开展了全国、省（自治区、直辖市）、地区级、县级国土规划，就经济社会发展过程中重点发展轴线的选择作了大量研究；魏后凯（1995）提出了"非均衡协调发展"的战略思想；胡序威（1998）、周一星（1998）、顾朝林等（2007）等实证研究了沿海城镇密集地区人口与经济的空间集聚与扩散的一般规律、动力机制及其调控措施；陆玉麒等（1998）、陈修颖（2003）、甄峰等（2000）、李小建等（2006）对苏皖沿江地区、福建、广东、京津冀等区域的空间结构演化特征、优化动力机制以及空间相关性等问题作了深入分析。

三、区域协调发展机制研究

区域协调发展机制是指协调目标、协调主体、协调客体、协调工具以及协调程序等要素的有机结合、相互作用、相互联系、相互制约的形式及其运动原理与工作方式。陈自芳等（1997）、樊明（2004）认为政府不可能有效地直接调控社会经济发展，良好的市场环境是一个地区享受政策优惠的前提条件，市场作为一种主要的资源配置机制，效果优于政府，建议中西部欠发达地区调整优化所有权结构。覃成林等（2013）认为推进区域市场全面开放与完善区域要素市场体系有利于区域协调发展。政府机制主要包括扶持机制与分工机制两类。扶持机制方面，有学者认为政府在制定区域政策上的差异与倾斜造成了我国区域差距扩大的事实，政府支持改善科技、教育、公众健康对平衡发展战略是极其重要的。还有学者认为基础设施落后是我国区域差距扩大的重要原因，政府应加强基础设施的改善，为欠发达地区创造参与国际市场的硬环境。分工机制方面，2010年国家推行的主体功能区规划是区域经济协调发展分工机制的直接体现。周绍杰等（2010）提及通过规划体制和转移支付支持来维护主体功能区发展战略。此外，陆大道（1997）、李红锦（2007）等认为根据地区比较优势，进行合理的产业分工，也是实现区域经济协调发展的重要措施。

第四节

▲

区域协调发展的新使命

为解决区域发展不平衡不充分的问题，我国提出了相应的区域发展战略，推出了一系列的区域协调发展措施，包括京津冀协同发展、长江经济带发展、长三角一体化发展、推进以城市群为主体形态的新型城镇化建设等来促进区域协调发展。但从实施结果来看，存在以下挑战。

一是行政区经济抑制了要素自由流动和合理布局。当前我国发展进入新阶段，改革进入攻坚期和深水区，资源要素市场整合开启跨区域合作新时代，然而城市间行政壁垒的存在仍然极大地影响着区域间经济的横向联系。当前我国区域合作格局中，城市经济依然按照"行政区经济"运行。在城市行政边界屏蔽下，各地方政府在追求自身利益最大化目标下，控制资源流动，在行政区内构筑自我封闭、自我配套的经济结构体系，难以实现资源在更大空间范围内的有效配置，加剧了市场分割，阻碍了城市间的协调发展。

二是城市群效应尚未完全显现。城市群作为城市发展的重要空间组织形式，能够促进资源要素跨行政边界流动，推进城市跨区域协调分工合作。理论层面上，城市群不是简单的城市集合，而是内部各个城市通过相互协调，呈现"1+1>2"的聚合效应，提升城市群整体的资源配置效率和生产效益。实际发展中，除长三角地区的城市群取得了良好效应外，全国层面其他城市群效应尚未完全显现出来。这可能与城市群规模较大有关，庞大的城市群形态导致城市之间协调合作发展成本较高，进而限制了城市群内部城市的经济合作。同时，当前城市群规划一定程度上存在"拉郎配"现象。一般而言，城市群是在市场机制下，通过互补的产业结构、便利的交通连接、相似的文化习俗以及一定范围内的地理邻近性，促进城市自发进行合作，增强城市间联系紧密度。然而，当前部分城市群在区域政策衔接、基础设施联通、产业协调分工等方面仍存在不足，使得城市间经济联系还不够紧密。

三是跨区域协调发展制度不完善。当前跨区域协调发展过程中存在行政级别不对等、地方发展意愿不统一、成本分担和利益分享机制不完善、考核机制不健全等问题，各地在合作当中仍然更多地考虑自身利益，往往对跨区域合作意愿强烈但实际行动不足，城市之间难以平等协商，阻碍着跨区域城市协作。因此，需要加强顶层设计，打破跨区域协调发展中面临的制度障碍。

综上，在当前区域协调发展的过程中，面对出现的行政壁垒问题、城市群规模庞大导致的城市之间协调合作发展成本较高以及协调机制不完善等现实挑战，需要通过强化大城市对中小城市的辐射和带动作用，进行小尺度、跨区域、精准化的都市圈和经济圈建设，以此来推进区域协调发展，打造区域发展、城市群建设的"强核"，提升城市间的经济联系和促进产业分工协作，并形成有效的区域协调发展机制。

第二章

▲

经济圈及相关概念的比较分析

2

———— ▲ ————

　　2021 年 3 月发布的《中华人民共和国国民经济和社会发展第十四个五年规划和 2035 年远景目标纲要》中提出，"深入推进以人为核心的新型城镇化战略，以城市群、都市圈为依托促进大、中、小城市和小城镇协调联动、特色化发展，使更多人民群众享有高品质的城市生活"。2021 年 4 月国家发展改革委发布的《2021 年新型城镇化和城乡融合发展重点任务》中提出，"增强中心城市对周边地区辐射带动能力，培育发展现代化都市圈，增强城市群人口经济承载能力，形成都市圈引领城市群、城市群带动区域高质量发展的空间动力系统"。2022 年 3 月发布的《2022 年新型城镇化和城乡融合发展重点任务》中提出，健全城市群一体化发展机制，培育发展现代化都市圈，促进超大特大城市优化发展。城市群、经济圈及都市圈已成为我国促进空间格局优化和区域协调发展的重要抓手。

———— ▼ ————

第一节

▲

经济圈、都市圈和城市群概念界定

由于国内外的管理制度与行政区划体系各不相同，且不同类型地域发展空间形态与行政区划也并非完全重叠，因此，国内外对不同类型地域发展空间形态表达的词汇各不相同，概念、内涵以及界定标准也具有很大的差异性，因此有必要对这些概念内涵进行梳理区分。

（一）城市群

1957 年，法国地理学家琼·戈特曼用"Megalopolis"一词来描述美国东北海岸城市分布密集的区域。该概念是我国城市群概念的雏形。1987 年，戈特曼笼统性概括"Megalopolis"的概念，认为其是指在一定区域范围内，城市分布较为密集，且区域内包含以大城市为中心的都市区，城市间需要有交通廊道联系，且具备成为国际化交通枢纽的能力，对人口规模的要求需要达到 2500 万人以上。这是西方国家在早期对城市群这一概念提出的初步界定。

20 世纪 80 年代，我国学者开始关注"Megalopolis"现象。伴随我国城镇化的快速推进，类似于美国东北海岸的城市分布密集区域开始涌现。周一星等学者将"Megalopolis"译为"（大）都市连绵区"，他们认为（大）都市连绵区是指一种巨型城镇连绵区域，由都市区构成，包含多个大城市核心并与相邻地区联系极为紧密，由多条交通通道维系；姚士谋等学者则译为"城市群"，他们认为城市群是在一定区域范围内，由相当数量的不同性质、类型和等级规模的城市组成，依托交通网络和信息网络，城市之间不断发生与发展联系，共同构成一个相对完整的城市"集合体"。这是我国学者早期对城市群概念的界定。

（二）都市圈

最早提出和使用"都市圈"概念的国家是日本。1951 年，日本学者木内信提出了"三地带学说"，即大城市的圈层由中心地域、周边地域和边缘广阔腹地三部分构成，他的这一思想后来被演变成"都市圈"的概念。1954 年，日本行政管理厅将"都市圈"的概念界定为"以一日为周期，可以接受城市某一方面服务的地域范围"，并规定中心城市的人口规模必须在 10 万人以上。20 世纪 60 年代，日本又提出了"大都市圈"的概念，界定空间范围为：中心城市为中央指定市，或者人口规模超过 100 万人，且附近存在人口规模 50 万人以上的城市，外围地区到中心城市的通勤人口占本地人口的比重在 15% 以上，大都市圈间的货物运输量不超过总运输量的 25%。1995 年，日本总务厅国势调查中提出"大都市圈"空间范围的基准定义：作为核心城市的都市及其周围的 15 岁以上常住人口中有 1.5% 以上到该都市通勤（上下班）或通学（上下学）且与该都市在地域上相连的市町村。可见，日本主要用通勤指标来界定都市圈和大都市圈。

1980 年年末，我国学者开始关注都市圈研究。周起业等学者认为大都市圈是指由大城市以及周边中心城市组成的经济联系紧密的网络。王建认为都市圈的地理含义是指在现代交通技术条件下，直径为 200 ~ 300 公里，空间范围为 4 万 ~ 6 万平方公里，人们可以在一天内乘汽车进行面对面交流的特定区域；张京祥等学者认为都市圈是由一个或多个核心城市，以及与核心城市联系紧密、一体化趋势明显的地区组成的圈层空间体系，并对都市圈进行界定：要求区域中心人口规模超过 100 万人，相邻城市人口超过 50 万人，对通勤人口的要求与国际一致，要求区域间的通勤人口数量不得少于本地人口的 15%，并对社会经济发展水平提出了要求，区域国民生产总值中心度不少于 45%。

（三）经济圈

经济圈的概念比较宽泛。以"经济圈"为关键词，搜索整理 1990 年以来篇名中含有"经济圈"的近千篇文章，发现这些文献对"经济圈"的理解大相径庭，空间尺度也不尽相同，宏观尺度以世界大洲划分，如"亚洲经济圈""美洲经济圈"等，小尺度以城市划分，如"首都经济圈""某某城市经济圈"，研究主要集中在区域经济、中心城市、产业结构、经济发展（水平）和经济增长等，研究区域集中在环渤海湾经济圈、京津冀经济圈、珠三角经济圈、成渝双城经济圈等。总结学者对经济圈的共识，就是"经济圈"必须是内部具有紧密社会经济联系的一体化区域。

2019 年，《国家发展改革委关于培育发展现代化都市圈的指导意见》发布，对城市群和都市圈的概念作了界定：所谓城市群是新型城镇化主体形态，是支撑全国经济增长、促进区域协调发展、参与国际竞争合作的重要平台；都市圈则是指城市群内部以超大特大城市或辐射带动功能强的大城市为中心、以一小时通勤圈为基本范围的城镇化空间形态。

结合上文对城市群、都市圈和经济圈三个概念内涵的梳理，可以看出，城市群、都市圈和经济圈均是城市聚集的高级别空间组织形态，本质为具有密切的经济、社会、交通联系的地域空间。本研究将都市圈界定为以一个经济较发达并且有较强辐射功能的超大城市或特大城市为核心，以一小时通勤圈为基本范围，周边一系列中小城市和小城镇在核心城市辐射带动下形成的功能互补、相互依存的具有圈层式地域结构特征的高度同城化地区；城市群界定为由若干个都市圈组成的高度一体化地区；经济圈界定为介于都市圈和城市群之间的一种空间组织形态，是都市圈发展为城市群过程中一个追求更高标准和质量的城市发展一体化地区。

第二节

▲

经济圈、都市圈和城市群的形成与发展

从单一城市到都市圈、经济圈、城市群的形成是由低级向高级的逐步演化过程。从规模来看，是区域内各个城市规模不断拓展的过程；从联系来看，是城市间从联系稀疏到联系紧密的过程；从空间来看，是从空间均衡到单中心增长极再到多中心均衡这样一个从低水平逐渐演化为高水平空间格局的过程；从功能上看，城市间经历了由竞争到竞合的产业集群式分工协作。根据其发展变化，可将此过程划分为离散、极化、扩散和成熟四个阶段。

（一）离散发展阶段

城市发展初期规模较小，处在自然经济或传统经济的待开发状态，要素分布较为均衡，生产力水平低下，城市经济处于低水平的均衡状态与自给自足的发展阶段，城市空间结构与形态表现为孤立的点状分布。在集聚经济作用下，商品交易形式逐渐丰富，促进了若干城市的形成和发展，但因为经济发育程度不高，城市的对外吸引和辐射能力薄弱，各个城市基本上是孤立发展，与区域联系较少，是相对独立、封闭的经济系统。该阶段区域空间结构表现为均质无序、无明确的城市等级划分等。

（二）极化发展阶段

这一阶段，伴随工业化和城镇化快速推进，一些具有较好区位条件和基础设施发达、交通便利而且创新能力强的城市逐步发展成为区域经济的"增长极"，"增长极"成为带动区域经济增长的核心，从而打破了区域空间结构的低水平均衡状态，出现了单个相对强大的中心城市和外围落后地区的分化。并且，随着区域内交通基础设施的逐步完善，核心城市以交通网络为轴线开始向外扩张，逐步形成"点－轴"的空间发展格局。此时，核心城市对其周边地区的集聚效应大于其扩散效应，大量的生产要素不断向核心城市中心城区集聚，其核心地位不断得以巩固。扩散作用较弱，核心城市主要沿交通轴线，通过资本输出、空间扩张等方式向外围区域进行扩散，推动周边区域发展，城市间联系逐渐紧密，都市圈雏形形成。

（三）扩散发展阶段

随着核心城市生产、生活成本的增加，产业集聚出现"不经济"的现象，核心城市的扩散效应不断增强，物流、人流、技术流和信息流以较高的速度向深处渗透，区域内的中小城市获得了发展的机会，扩散地区的社会经济得到较大程度的发展，部分城市发展成为都市圈的次中心城市，类似于核心城市发展，与其周边城镇逐渐形成"核心－边缘"的区域空间结构，城镇体系得以完善。同时，随着社会经济的发展，区域内基础配套设施不断延伸、完善，产业分工逐步细化，专业化水平不断提升，具有密切联系的城市组团发展，产业相互协调的都市圈基本形成。

（四）成熟发展阶段

在此阶段中，区域经济发展水平已经达到一定的高度，且具有稳定性。区域内核心城市都市圈继续扩张，次级中心城市都市圈逐渐形成，中心城市之间在经济、网络、人力、交通等方面的联系紧密，相互之间的吸引力和辐射范围也越来越强劲，进一步促进了区域内资源的合理分配，提高了资源利用率。同时，各等级城市与周边乡镇之间的往来更加频繁，有效地缩小了城乡差距，推进了城乡经济发展的一体化进程。区域空间结构由单核心梯度发展逐渐向多核心均衡发展转变，经济圈基本形成。此时，区域内城市体系高度发达和有机结合，都市圈和经济圈的中心城市根据不同的城市职能与资源禀赋有机联系、互为补充，城市功能上相互依赖，地域上相互交叉和渗透，彼此间的良性互动成为区域经济持续繁荣的直接动因，网络化的城市群形成。

第三节

▲

经济圈、都市圈和城市群的联系与区别

一、联系

（一）经济圈、都市圈和城市群均是一个国家或地区比较发达的区域

它们都是以特大或超大城市为核心，共同的内在本质是区域内具有密切的经济社会联系。大都市是指超大城市、特大城市和辐射带动功能强的大型城市。一个区域，只有发展出了大都市，才能与区域内外的城市与地区产生大规模、广泛、频繁和密切的社会经济联系。例如，日本太平洋沿岸城市群是由以日本第一大城市东京为核心形成的都市圈、以日本第四大城市名古屋为核心形成的都市圈、以日本第二大城市大阪为核心形成的都市圈，加之三大都市圈外的日本太平洋沿岸其他城市构成；美国东北部大西洋沿岸城市群是以美国第一大城市纽约为核心，以高科技中心波士顿、美国第二大城市费城、美国首都华盛顿、美国马里兰州最大城市巴尔的摩等大都市为次中心，辐射带动的高度一体化区域；我国的长三角城市群是以超大城市上海为核心的都市圈、以特大城市南京为核心的都市圈和以特大城市杭州为核心的都市圈等共同构成。可见，无论是都市圈、经济圈，还是城市群的形成都是以一

个或多个大都市的引领辐射为前提，因此形成都市圈、经济圈和城市群的区域必然较为发达。

（二）都市圈、经济圈和城市群是城市化发展进程中不同阶段形成的空间组织形态，具有包含关系

每一个城市都会对其周边地区产生辐射带动作用。城市规模越大，其辐射力越强，对周边地区辐射带动的空间范围一般也越大。一个城市与其辐射带动的周边区域共同构成以该城市为核心的圈域经济，称之为城市圈。城市规模不断扩大，其辐射力和影响范围会不断拓展。当某个城市圈的核心城市发展成大都市时，就形成了一个都市圈。在区位和交通等自然与人文条件较好的地区，会较早地出现都市圈，并且伴随核心城市的不断发展和区域城镇化水平的提高，都市圈同周边次级中心的城市圈会逐步向外扩展、相互耦合，经济圈开始形成。随着区域经济社会的发展，更多的经济圈会实现空间与功能的整合，城市群逐渐形成并走向成熟。可知，一个经济圈至少包含一个都市圈，一个城市群包含有多个经济圈或都市圈。

二、区别

（一）空间范围和人口规模不同

根据定义，都市圈是由超大或特大城市及与其存在紧密通勤联系的周边地区组成。都市圈的空间范围由核心城市的辐射半径决定，而核心城市的辐射半径主要取决于人口规模和与周边地区、城市连接的基础设施条件，都市圈人口规模的主体部分是大都市的人口数量。以我国已批复的 5 个国家级都市圈为例，空间范围上，南京都市圈最大，为 2.7 万平方公里；长株潭都市圈最小，为 1.89 万平方公里。总体而言，国家级都市圈范围处于 2 万至 3 万平方公里之间。人口规模上，成都都市圈最多，2020 年常住人口为 2761 万人；福州都市圈最少，2020 年常住人口为 1300 万人。总体而言，国家级都市圈常住人口介于 2000 万至 3000 万人之间。经济圈是介于都市圈和城市群之间的一种空间组织形态，空间范围和人口规模居中。以山东省三大经济圈（省会经济圈、胶东经济圈和鲁南经济圈）为例，省会经济圈包括济南、淄博等 7 市，空间范围 6.09 万平方公里，2020 年常住人口 3706 万人；胶东经济圈包括青岛、潍坊、烟台等 5 市，空间范围 5.2 万平方公里，2020 年常住人口 3243 万人；鲁南经济圈包括临沂、济宁、枣庄、菏泽 4 市，空间范围 4.52 万平方公里，2020 年常住人口 3203 万人。❶城市群是由若干个经济圈或都市圈组成的高度一体化地区，空间范围和人口规模均比都市圈和经济圈大得多。长三角城市群空间范围 35.8 万平方公里，2020 年常住人口 1.75 亿人；京津冀城市群空间范围 21.5 万平方公里，2020 年常住人口 1.07 亿人；长江中游城市群空间范围 21.17 万平方公里，2020 年常住人口超 1.3 亿人；关中平原城市群空间范围 10.71 万平方公里，2020 年常住人口超 4000 万人；山东半岛城市群空间范围 15.58 万平方公里，2020 年常住人口 1.02 亿人。❷

（二）发生机制和发展定位不同

从发生机制来看，城市群的发生机制是自上而下的，动力来源主要是中央政府推动，在空间上表现出较好的扩展性；都市圈的发生机制是自下而上的，动力来源主要是市场配置，在空间上稳定且内在联系强；经济圈的发生机制是自下而上和自上而下相结合，动力来源是以市场为主，政府推动为辅，在空间上相对稳定且具有一定的扩展性。

从发展定位来看，城市群作为支撑全国经济增长、促进区域协调发展、参与国际竞争合作的重要平台，不仅是连接国家内部网络和国际网络的枢纽，还是一个国家甚至全球发展的枢纽，城市群的影响和带动作用不局限于城市群内部，对区域和国家的经济、文化和贸易等方面的影响也十分显著；

---

❶ 面积和人口数据来源于三大经济圈"十四五"一体化发展规划。

❷ 数据来源于各城市群"十四五"发展规划。

都市圈以促进区域核心城市与周边城市（镇）同城化发展为方向，以推动城市功能互补、产业错位布局、基础设施和公共服务共建共享为目标，是推动经济圈和城市群高质量发展的重要支撑；经济圈内产业体系相对完善，城市间通过较为合理的产业分工，推动资源优化配置，实现优势互补、资源共享，从而提高了产业体系资源要素的利用率，是进一步提升区域竞争新优势和深度对接国家发展战略的重要支撑平台。

第三章

▲

山东省区域布局与协调发展研究

3

———— ▲ ————

　　推进区域协调发展是我国建设现代化经济体系
的七大战略之一，是建设新时代现代化强省的八大
发展战略之一，也是山东省贯彻新发展理念、加快
新旧动能转换、推动高质量发展的重要举措。山东
是我国由南向北扩大开放、由西向东梯度发展的战
略节点，在全国区域发展布局中占有重要地位。实
施区域协调发展战略，调整完善区域政策体系，加
快推进山东省区域一体化发展，构建合作机制完善、
要素流动高效、发展活力强劲、辐射作用显著的区
域发展共同体，全面推进区域合理布局与协调发展，
是融入国家重大区域战略的必然要求，也是实现新
时代现代化强省建设的有效路径。本章系统梳理了
山东省区域布局演变的脉络，总结了区域协调发展
的实施成效及问题，提出了新时代山东省区域协调
发展的目标战略以及发展路径、发展机制。

———— ▼ ————

第一节

▲

区域布局演变及三大经济圈的提出

区域发展有其内在规律性，是外延不断扩展和内涵不断提升的动态过程。山东半岛城市群作为目前国内发展水平较高、综合竞争力较强的重要城市群之一，正处于快速发展期，其空间范围和内部空间组织形式处于不断变化过程中。改革开放以来，山东省始终走在区域协调发展的前沿，实现了从板块小区域错位发展到大区域整体推进的飞跃，呈现出了统筹布局、层层演进的突出特点。山东省区域空间协调发展的演进过程，大致分为七个阶段。

第一阶段：1984 年至 1991 年，实施"东部开放，西部开发，东西结合，共同发展"战略。改革由农村向城市以及整个经济领域全面推进并逐步整顿深化，对外开放步伐不断加快。

第二阶段：1992 年至 2002 年，实施"全面开放，重点突破，梯次推进，东西结合，加快发展"战略。以邓小平同志南方谈话为标志，山东改革开放和现代化建设步伐明显加快，但同时东西部地区的差距也进一步扩大。

第三阶段：2003 年至 2007 年 7 月，实施"一群一圈一带"（"一群"指东部的"半岛城市群"，"一圈"指济南都市圈，"一带"指鲁南城市带）战略。立足于有效解决我省东中西部发展中存在的较大不平衡性问题，加强东部对中西部的支援，引导东部继续领跑，促进中部快速崛起和西部跨越式赶超。

第四阶段：2007 年 8 月至 2013 年 8 月，实施"一体两翼"（"一体"指以胶济铁路为轴线形成的横贯东西的中脊隆起带，"两翼"指黄河三角洲高效生态经济区和鲁南经济带）、"蓝黄"（"蓝"指山东半岛蓝色经济区，"黄"指黄河三角洲高效生态经济区）两大战略。区域发展思路从过去主要侧重于以"东中西"为横向坐标考虑区域发展，转变为侧重于以"北中南"为纵向坐标观察和思考问题。

第五阶段：2013 年 8 月至 2018 年 2 月，实施"两区一圈一带"（"两区"指山东半岛蓝色经济区和黄河三角洲高效生态经济区，"一圈"指省会都市圈，"一带"指鲁南城市带）战略。以板块促进整体发展，以整体带动板块腾飞，推动区域内部优势互补、相互融合。

第六阶段：2018 年 2 月 2020 年 12 月，形成了"三核（济南、青岛、烟台）引领、多点突破、融合互动"的横跨东西、统筹陆海、纵观南北、覆盖全省的新旧动能转换重大战略布局。

第七阶段：2021 年 1 月至今，加快构建"一群两心三圈"的区域发展总体布局，"一群"即山东半岛城市群，"两心"即济南和青岛两大中心城市，"三圈"即省会经济圈、胶东经济圈和鲁南经济圈。"十四五"期间，山东省应准确把握新发展阶段，坚决贯彻新发展理念，积极融入和服务新发展格局，将区域协调发展作为八大发展战略之一，深入实施黄河流域生态保护和高质量发展战略，着力打造具有全球影响力的山东半岛城市群，支持济南建设国家中心城市、青岛建设全球海洋中心城市，推进省会、胶东、鲁南三大经济圈一体化发展（图 3-1）。

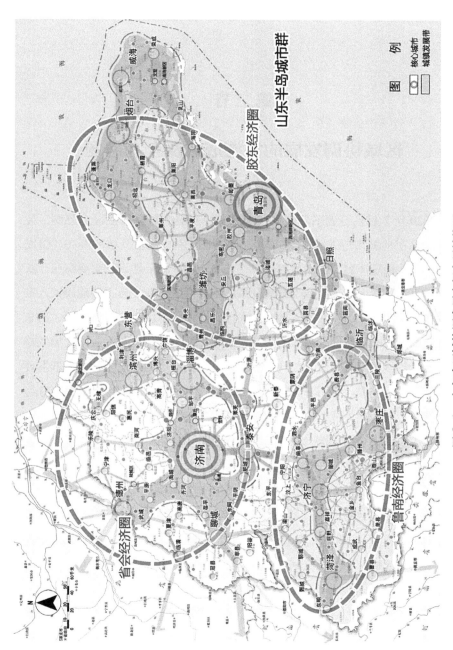

图 3-1　山东省区域协调发展空间布局结构图

第二节

▲

区域协调发展的实施成效及存在问题

2020 年 1 月，习近平总书记在中央财经委员会第六次会议上强调，要发挥山东半岛城市群龙头作用，推动沿黄地区中心城市及城市群高质量发展。山东北接京津冀、西引黄河流域，是"一带一路"建设的重要枢纽、长三角和京津冀两大世界级城市群间联系的重要通道。在生态文明建设深入推进、区域协调发展战略深入实施、全面改革进入深水区的宏观背景下，山东发展迎来了战略机遇期和重要窗口期，黄河流域生态建设与高质量发展战略全面展开，首个国家新旧动能转换综合试验区的获批为山东半岛城市群发展注入新动力，中国（山东）自由贸易试验区、中国 – 上海合作组织地方经贸合作示范区等重大战略谋划和建设将为山东发展提供新机遇。

山东省委、省政府高度重视区域协调发展，将其作为八大发展战略之一，构建了"一群两心三圈"的区域发展总体布局，加快推动省会、胶东、鲁南三大经济圈一体化发展，打造全省高质量发展强劲引擎。2021 年 8 月，《省会经济圈"十四五"一体化发展规划》《胶东经济圈"十四五"一体化发展规划》《鲁南经济圈"十四五"一体化发展规划》印发实施，与 2020 年先后出台的区域协调发展新机制实施方案和省会、胶东、鲁南经济圈一体化发展指导意见，共同形成了"1 个实施方案 +3 个指导意见 +3 个规划"的区域协调发展政策体系。然而同时，新常态下山东发展也面临着核心城市集聚辐射能力不强、区域协作机制不健全、创新驱动力不突出、城乡发展不平衡、生态环境欠账过多、一体化程度不高等种种挑战，山东必须主动转型、率先转型，加快形成区域协调发展新局面。

（一）区域布局日趋完善，核心城市带动作用不强

改革开放以来，山东区域发展战略日趋成熟、布局更加科学完善，初步实现了东西结合共同发展、东中西梯次推进的协调发展格局。核心城市的发展水平决定了城市群的综合竞争力，与目前全国比较有影响力的核心城市相比，济南和青岛两市规模偏小、人口偏少、实力偏弱，经济总量均未进入全国前十；省会城市首位度不足，2021 年济南 GDP 占山东省的比例仅为13.76%，城市首位度在全国各省份中排名末位，缺乏足够的吸引力、影响力、带动力和辐射力，很大程度上制约了山东半岛城市群的发展。

（二）区域协同不断深化，协作机制不够健全

山东向外主动融入国家重大区域战略，全力打造对外开放新高地，对外贸易进出口总额由 1980 年的 300 万美元增长到 2021 年的 4536.3 亿美元；区域内部分工协作水平日益提高，东部率先发展，西部加速崛起，人均GDP 最高市与最低市的差距从 2012 年的 6.77 倍降低为 2021 年的 3.54 倍。但各经济圈内部区域整合和统筹协作不足，劳动力、资金、土地、产权、人才等要素流通不畅，同质化竞争问题突出，区域一体化发展所需的横向错位发展、纵向分工协作格局尚未建立。

（三）城乡发展不断融合，城乡差距依然较大

城乡一体化发展水平不断提升，打造乡村振兴齐鲁样板成效显著，产业、人才、文化、生态、组织五大振兴不断深化。粮食产量、水果产量、蔬菜产量、农产品出口额分别占全国的 8%、11%、12%、22%，累计培训高素质农民 50 多万人，入选全国文明村镇数量为全国最多，农村人居环境三年整治、"七改"工程持续推进；持续整顿软弱涣散的村党组织，乡村组织体系不断健全、完善；城乡居民收入差距减小，城乡居民可支配收入比由2010 年的 2.70∶1 收窄为 2021 年的 2.26∶1；全民参保计划深入实施，多层次社会保障体系基本建成。但城乡基础设施互联互通程度不高，全省农村市政公用设施投资仅为城市的 27%；城乡医疗、教育、文化等公共服务在供给质量上差距较大。

（四）综合经济实力较强，创新驱动力还需提升

党的十八大以来，山东经济发展取得显著成就，地区生产总值保持稳定增长，年均增长 7.6%，2021 年达到 8.31 万亿元，居全国第三位；经济高质量发展成效显著，2021 年"四新"经济增加值占比达到 31.7%，比 2017 年提高 10 个百分点；农业基础扎实，工业门类齐全，服务业发展较快，蓝色经济特色突出。但山东省产业结构总体仍以重工业为主，传统动能仍居主导地位，创新活力不足，2021 年山东省 PCT 国际专利申请量 0.32 万件，远远低于广东省的 2.61 万件。

（五）生态建设成效显著，发展方式不够集约

生态环境共保共治能力不断增强，"十三五"时期全省万元 GDP 能耗累计下降 20.4%，重污染天数由 2013 年的 60.8 天减少到 2021 年的 3.6 天；山东省采煤塌陷区综合治理、泰山区域山水林田湖草生态保护修复、长岛海洋生态文明综合试验区建设等生态系统修复工程稳步推进，已治理废弃矿山 1200 多处，整治修复海岸带 200 多公里，生态修复海域 2000 多公顷。但发展方式仍不够集约，土地利用相对粗放，人均城乡建设用地面积过大（238 平方米 / 人）；水资源短缺成为重要瓶颈，水资源总量仅占全国的 1.1%，丰水年份人均水资源量仅占全国平均水平的 1/6，且空间分布不均，与经济布局契合度不高。

（六）设施保障显著增强，一体化发展仍需提高

基础设施坚持全域规划全域共享，公共服务设施均等化程度不断提高。2021 年山东省高速铁路、高速公路通车里程分别达到 2319、7477 公里，沿海港口货物吞吐量达到 17.8 亿吨；两条"外电入鲁"通道建成投用，新增外电接纳能力 500 万千瓦，风电、生物质发电、光伏发电等新能源开发利用水平不断提高；黄水东调应急工程基本建成，已试通水，南水北调配套工程初步具备消纳长江水能力，区域供水设施趋于完善。但我省交通一体化程度仍需提升，高速公路和高速铁路覆盖程度不高，路网密度分别居全国第9位和第13位；标准等级不够高，高铁时速相对较低；各类交通方式之间的衔接不紧密。初步构建起覆盖全省城乡居民的基本公共服务体系，基本公共服务软硬件条件明显改善，保障能力进一步提升；但西部地区基本公共服务水平明显落后于东部地区，农村基本公共服务设施与城市相比差距明显，设施一体化的任务仍然艰巨。

第三节

▲

新时代区域协调发展战略

"十四五"时期是我国全面建设社会主义现代化强国的第一个五年，是山东省认真落实习近平总书记重要指示批示，实现"走在前列、全面开创"奋斗目标的关键五年。《山东省国民经济和社会发展第十四个五年规划和2035年远景目标纲要》中提出："健全区域协调发展体制机制，优化'一群两心三圈'格局，推进以人为核心的新型城镇化，增强区域创新发展动力，全面提升山东半岛城市群综合竞争力。"

（一）核心引领战略

建立以中心城市引领城市群发展，城市群带动区域发展新模式，推动区域板块之间融合互动发展。实施"面向区域、联动周边"的空间调整策略，以济南、青岛为核心城市，强化济青联动，拓展合作广度和深度，引领山东半岛城市群一体化发展，有效增强"城市－区域"的综合承载能力。提升济南、青岛中心城市人口规模和经济综合竞争力，打造高质量中心城市。以建设创新城市为主线，以动能转换为重点，以交通连接为基础，以区域协同为目标，以生态环境为支撑，以文化提升为导向，多维度提升中心城市创新首位度、产业首位度、交通首位度、协作首位度、生态首位度、文化首位度。至规划期末，形成以济南、青岛为核心向外延伸的"圈内同城化，全域一体化"城市群协调发展体系。济南以"大强美富通"现代化国际大都市为目标，打造区域性经济中心、金融中心、物流中心、科创中心，创建黄河下游中心城市。青岛聚力经略海洋，建设一流海洋港口，建设海洋产业名城，打造国际航运名城；以"双百千"和"一业一策"计划为抓手，打造制造业强市和服务业中心城市；面向上合组织国家，对接日韩、拓展欧亚，创建"一带一路"地方经贸合作示范城市。积极培育烟台、潍坊、临沂、济宁等区域副中心城市，从规划协调、政策协同、制度安排等不同层面推动以"中心城市－副中心城市"为引领的空间治理重构，完善城市功能，壮大经济实力，加强协作对接，实现集约发展、联动发展、互补发展。规划期末，形成"省会济南强势崛起，龙头青岛高高昂起"的核心引领协调发展新局面。

（二）区域协调战略

融入国家区域战略，强化经济圈联动发展。以经济圈为基础，发挥济南在黄河下游地区具有的较强的中心带动作用，不断加快绿色发展、高质量发展，加速推进沿黄城市融入黄河国家战略，努力打造黄河下游生态保护和高质量发展的引领示范区；东营全力实施黄河三角洲生态大保护；聊城提升沿黄灌溉区水资源利用率；菏泽瞄准黄河滩区乡村振兴；滨州重点优化配置黄河水资源。支持青岛、日照对接融入"一带一路"战略；支持德州、聊城、滨州、东营承接北京非首都功能疏解和京津冀产业转移，打造京津冀协同发展示范区。临沂、济宁、枣庄、日照主动对接"长三角一体化"发展战略，主动承接高端产业转移。发挥经济圈比较优势，强化分工合作、错位发展，提升区域发展整体水平和效率，创新转型省会经济圈高效发展，优化提升胶东经济圈率先发展，发挥优势推动鲁南经济圈振兴。构建以日韩为主导的全方位开放体系，积极实施"深化日韩、提升东盟、突破欧美、拓展非洲"的全面开放战略，形成内外联动、东西双向开放的全方位开放新格局。

经济圈内部协调以"共建、共享、同城化"为目标，以促进区域连通的交通基础设施为重要依托，强调城市间"功能－产业－人口－空间－公共服务"的全方面协调。在交通设施保障完善的前提下，以功能定产业、以产业引人口，优化人口的空间分布格局，重视公共服务对人口流动的影响以及均等化建设。三大经济圈强化城镇联动发展，构建济淄泰德聊、青潍、烟威、东滨、济枣菏、临日六个城镇密集区。省会经济圈优先推进济淄泰一体化发展，大力推进环境协同治理，共同维护鲁中山区生态环境。胶东经济圈发展壮大海洋经济，推进沿海深水大港、临港产业园区协同发展，强化胶东半岛丘陵地区的生态涵养功能。鲁南经济圈依托鲁南高铁强化内外联动的基础设施建设，提高政策支持力度，打造山东省面向中原地区的桥头堡，加快资源型产业转型，将曲阜－邹城建成国际旅游名城和东方文化圣城。

统筹陆海协调发展，推进海洋强省建设。发挥青岛海洋科学城、东北亚国际航运枢纽和沿海重要中心城市综合优势，提升其在重大海洋科技创新、海洋战略新兴产业发展等方面的引领辐射作用，加快建设国际先进的海洋创新中心。以莱州湾、胶州湾保护开发为牵引，依托沿海城市、重要港口，统筹临港产业与海洋产业发展布局。以胶州湾为核心区域，以青岛港、日照港、威海港为支撑，沿山东半岛南岸形成覆盖青岛、威海、日照三市陆域与海域，面向黄海的海洋经济带。以莱州湾为核心区域，以烟台港为支撑，沿山东半岛北岸形成覆盖烟台、潍坊、东营、滨州四市陆域与海域，面向渤海的海洋经济带。构筑泛胶州湾黄海经济带和泛莱州湾渤海经济带。完善陆海衔接的综合交通运输网络，加强沿海七市与内陆九市规划政策协同对接、基础设施互联互通、要素市场统一开放、生态环境联防联治。

（三）城乡融合战略

推动"城乡统筹"向"城乡融合"深化和升级，更加注重城乡平等发展，更加注重城乡要素自由流动，更加注重市场化推进。在区域内选择有一定基础的市县，全力争创国家城乡融合发展试验区，支持制度改革和政策安排率先落地，先行先试，及时总结提炼可复制的典型经验并加以宣传推广。大力实施乡村振兴战略，推动农村一、二、三产业深度融合，打造乡村振兴齐鲁样板，全面建设美丽乡村，深入推进全省美丽村居建设，打造具有山东特色的现代版"富春山居图"。加强农产品企业品牌、产品品牌等农业品牌创建，建立区域一体化农产品展销平台。全面推动城乡公共服务一体化发展，完善统一的城乡居民基本医疗保险和养老保险制度。优化乡村基础教育学校布局，建立城乡教育联合体。鼓励县级医院与乡村医疗卫生机构组建县域医疗服务共同体。全面推进人的城镇化，破除制约人的全面发展的体制机制障碍，深化户籍制度改革，构建城乡居民身份地位平等的户籍登记制度，提升人的城镇化水平。推动城乡人才双向流动，鼓励和引导城市人才回乡创业。

在城乡融合理念上，秉持既要发挥城市集聚人口、集聚财富、集聚技术，带动整个区域发展的功能；又要注重农村的生态屏障，农产品供给和传承历史文化等功能。强调城市和乡村的平等地位，二者相互补充、相互促进、相互依赖。在城乡融合方法上，把城市和乡村作为整体统筹谋划，促进城乡在规划布局、要素配置、产业发展、公共服务、政府治理等方面相互融合和共同发展。在城乡融合政策上，坚持农业农村优先发展，推动公共资源更多向乡村配置；深化改革，扩大城乡双向开放，实现要素在城乡之间自由流动和平等交换；加快推进乡村治理体系和治理能力现代化，缩小城乡治理能力差距；注重发掘乡村的价值，突出乡村特色，促进新型城镇化高质量发展。

（四）创新发展战略

按照"坚持两个提升、构建一个体系"进行创新发展布局。坚持联合提升原始创新能力，集中突破一批关键核心技术，为提高自主创新能力营造生态环境；坚持提升科技成果转化能力，发挥市场和政府作用，推动原始创新能力向生产力转化，协同推进科技成果转移示范区建设，探索建立全省区域创新收益共享机制，鼓励设立产业投资、创业投资、科技成果转化引导基金，重点开展新一代信息技术、高端装备制造、新能源新材料、智慧海洋、医养健康五大新兴产业创新联合攻关；构建区域创新协同体系，强化协同创新政策支撑，加大科技创新政策支持力度，建立一体化人才保障服务标准。

优化区域创新布局，聚焦区域协调发展战略，以创新要素的集聚与流动促进产业合理分工，推动区域创新能力和竞争力整体提升。省会经济圈和胶东经济圈注重提高原始创新和集成创新能力，全面加快向创新驱动发展转型，培育具有国际竞争力的产业集群和区域经济。鲁南经济圈走差异化和跨越式发展道路，柔性汇聚创新资源，加快先进适用技术推广和应用，在重点领域实现创新牵引，培育壮大区域特色经济和新兴产业。构建跨区域创新网络，推动区域间共同设计创新议题、互联互通创新要素、联合组织技术攻关，打造区域协同创新共同体。

（五）生态共保战略

开展生态环境联防共保行动，合力打造美丽半岛城市群生态共同体。坚持"共抓大保护、不搞大开发"的基本原则，切实加强生态环境分区管制，确保生态空间面积不减少。以生态屏障、生态廊道、自然地形为骨干，构建"三屏四廊、五区多斑块"的生态安全格局。构建绿色生态网络，严格保护跨行政区重要生态空间，加强中心城市生态用地维护与建设，编制实施经济圈生态环境管控方案，联合实施生态系统保护和修复工程；加强区域生态廊道、绿道衔接，促进林地绿地湿地建设、河湖水系疏浚和经济圈生态环境修复。共同制定黄河、南四湖、京杭大运河、沂河、徒骇河、小清河等重点跨区域水体联保专项治理方案。推动环境联防联治，以经济圈为单元制定城市空气质量达标时间表，强化工业源、移动源和生活源排放污染治理；加快消除经济圈内劣V类水质断面；全面开展生活垃圾分类，基本完成存量生活垃圾场治理任务；将建设用地土壤环境管理要求纳入国土空间总体规划。建立生态环境协同共治机制。加快生态环境监测网络一体化建设，协商建立经济圈大气污染、流域水污染、土壤污染、噪声污染综合防治和利益协调机制；探索生态保护性开发模式，建立生态产品价值实现机制、市场化生态补偿机制。

（六）设施一体战略

协同建设一体化综合交通体系。加快建设集高速铁路、城际铁路、城市轨道交通于一体的现代轨道交通运输体系，构建高品质快速轨道交通网。加快京沪二通道、鲁南高铁曲阜至菏泽段、东部沿海通道铁路等项目建设。以经济圈同城化通勤为目标，加快推进城际铁路网建设，推动市域铁路向周边中小城市延伸。畅通经济圈公路网，对高峰时段拥堵严重的国省道干线公路实施扩建，加快京沪高速莱芜至临沂段、日兰高速巨野西至菏泽段、京台高速德州至齐河段改扩建。打造轨道上的经济圈，统筹考虑经济圈轨道交通网络布局，构建以轨道交通为骨干的通勤圈，探索经济圈中心城市轨道交通适当向周边城市（镇）延伸。加快培育济南、青岛两个国际性综合交通枢纽，完善提升烟台、潍坊、临沂、菏泽四个全国性综合交通枢纽。以山东港口集团为引领，推动沿海港口资源整合，优化港口布局，加强东部沿海港口分工合作，扎实推进青岛港、烟台港现代化综合性港口建设。协同建设新一代信息基础设施，推进信息一体化建设。加快推进5G网络建设，支持信息技术龙头企业协同开展技术、设备、产品研发、服务创新及综合应用。共同推动重点领域智慧应用，大力发展物联网、大数据、人工智能的专业化服务，提升各领域融合发展、信息化协同和精细化管理水平。

以经济圈公共服务均衡普惠、整体提升为导向，统筹推进基本公共服务、社会保障、社会治理一体化发展。建立基本公共服务标准体系，全面实施基本公共服务标准化管理，增加保障项目，提高保障标准。创新跨区域服务机制，构建全省基本公共服务平台，推动基本公共服务便利共享。共享高品质教育医疗资源，推动教育合作发展，协同扩大优质教育供给，促进教育均衡发展。推动济南、青岛高端优质医疗卫生资源统筹布局，采取合作办院、设立分院、组建医联体等形式，扩大优质医疗资源覆盖全省。构筑齐鲁文化发展新高地，继续办好山东文博会，扩大齐鲁文化全球影响力。构筑文化产业体系，推出"高铁＋景区门票""高铁＋酒店"等快捷旅游线路和产品。

第四节

▲

区域协调发展的路径与机制

在明确区域协调发展实施成效及目标战略的基础上，合理选择区域协调发展路径、建立更加有效的区域协调发展新机制至关重要。新时代实现区域协调发展要抓住不平衡、不充分的矛盾的主要方面，贯彻创新、协调、绿色、开放、共享的新发展理念，构建能够应对新阶段机遇与挑战的新发展格局。本节结合山东省实际，提出全省区域协调发展路径与机制，为加快推进山东省区域协调发展指明前进方向。

一、区域协调发展路径

作为我国东部沿海强省，山东拥有济南、青岛两大龙头城市，形成省会、胶东、鲁南三大各具特色的经济圈，正在朝着更加协调、更高质量的方向加速发展，但依然存在着核心城市辐射带动作用不强、区域经济发展不平衡、产业结构同质化、土地资源浪费等问题，制约着山东半岛城市群的协调发展。为推进山东省区域协调发展，应加快提升济南、青岛引领和辐射带动能力，推进济青双城联动发展，做强省会经济圈、提升胶东经济圈、振兴鲁南经济圈，加快完善"一群两心三圈"区域协调发展新格局，健全跨市域、跨区域合作机制，以设施共联、人才共用、产业共兴、市场共建、开放共赢、生态共保、社会共治等为重点，明确区域协调发展路径。

（一）强化济青双城联动

支持济南、青岛中心城市相向发展、深化合作、功能互补、资源共享，合力打造高水平协作发展样板，建设全国最具创新力、竞争力的发展轴带。协同推进国家自由贸易试验区、自主创新示范区、城乡融合发展试验区、人工智能创新应用先导区、物流枢纽联盟建设。推动济青综合运输通道提速增效，实现中心城区一小时可达，协同打造多式联运集疏系统，共建进出口商品集散中心。分别以两市为中心，构建一小时通勤圈。加快推进户籍便捷迁徙、居住证互通互认、教育医疗资源共建共享。

（二）促进"三圈"协同互动

坚决破除经济圈之间、城市之间行政和市场壁垒，完善统筹有力、竞争有序、绿色协调、共享共赢的合作发展新机制。依托济青、鲁南通道和沿黄生态带，打造三大"黄金廊带"。济青科创制造廊带，以"济南－淄博－潍坊－青岛－烟台－威海"为主轴，在工业互联网、轨道交通装备、海工装备、新能源新材料、医养健康、清洁能源、现代农业、未来产业等重点领域，增强长期技术优势与产品标准话语权，打造世界级先进制造集聚带。沿黄文化旅游生态廊带，以"菏泽－济宁－泰安－聊城－济南－德州－滨州－淄博－东营"为主轴，挖掘整合黄河、大运河、泰山、曲阜、齐长城等世界级文化旅游资源，在文化传承、生态体验、精品旅游等重点领域，搭建国际文化交流平台，打造中华文化标识集聚带。鲁南物流能源廊带，以"日照－临沂－枣庄－济宁－菏泽"为主轴，综合发挥港口、铁路、机场联通加密后发优势，创新资源配置模式，建设全国重要的物流中心和能源基地。鼓励跨市域相邻县（市、区）探索联动发展路径，支持青岛莱西－烟台莱阳、济南章丘－滨州邹平－淄博周村、潍坊寿光－东营广饶等建设一体化发展先行区。加快资源型城市、老工业城市转型发展。持续推进"突破菏泽，鲁西崛起"。

（三）推动科技创新协同发展

深入实施创新驱动发展战略，坚持"四个面向"，积极融入国家创新体系布局，构建协同创新生态，强化自主创新能力，提高创新体系整体效能，打造创新型城市群。创建济青综合性科学中心，支持济南、青岛集中布局建设重大科技基础设施，依托重点高校、科研院所建设一批基础学科研究中心，完善交叉研究平台和前沿学科布局，打造学科内涵关联、空间分布集聚的原始创新集群。建设城市群创新共同体，高水平打造山东半岛国家自主创新示范区，完善人才、资本、信息、技术等创新要素自由流动政策体系，支持各市参与共建山东产业技术研究院、能源研究院、人工智能研究院、山东大学创新港等新型研发机构，布局符合本地区产业发展需求的专业院所，搭建高层次、开放式产业协同创新平台体系。深化国际交流合作，建设济南侨梦苑、山东（烟台）中日产业技术研究院、威海中日韩技术转移中心等创新国际合作载体。

（四）协同建设现代产业体系

发挥济南、青岛、烟台新旧动能转换综合试验区三大核心城市作用，加快构建形成"三核引领、多点突破、融合互动"的新旧动能转换总体布局，稳妥化解落后产能，促进传统产业提档升级，积极培育新兴产业，逐步拓展区域带动范围，推动新旧动能转换综合试验区迈向更高发展水平。统筹高端装备、新一代信息技术等"十强"产业布局，促进产研融合，推动城市间产业专业化分工和优势互补。省会经济圈重点发展教育医疗康养、高端装备、量子超算等产业，胶东经济圈重点发展现代海洋、先进制造业、高端服务业等产业，鲁南经济圈重点发展高效生态农业、商贸物流、新能源新材料等产业。各城市聚焦主导产业，推动差异化、协同化发展，建设济南先进半导体、青岛集成电路和新型显示、淄博微机电系统、烟台光电智能传感、潍坊声学光电、威海高端打印机等信息产业基地。依托济南绿色智造产业城、青岛新能源汽车产业基地，集中打造高端重型汽车、乘用车、商用车基地。推动化工产业链条化、园区化、高端化发展，加快建设裕龙岛炼化一体化项目，打造鲁北高端石化产业基地、半岛东部化工新材料基地、鲁中高端盐化工基地。建设日照－临沂沿海先进钢铁制造产业基地、莱芜－泰安内陆精品钢生产基地，打造滨州、聊城、烟台等高端铝产业基地。

（五）加快基础设施互联互通

以"市市通高铁"为目标，推动干线铁路、城际铁路、市域（郊）铁路、城市轨道交通"四网融合"，打通纵贯南北的京港（台）、京沪辅助和横贯东西的鲁北、青济郑、鲁南高速铁路主骨架。加强主要城市和重点城镇互联互通，打通跨区域高速公路主通道、普通国省干线通道"断头路"，加快高速公路扩容改造、道路加密。建设山东半岛世界级港口群，打造和培育青岛、济南 2 个国际性综合交通枢纽城市，烟台、潍坊、临沂、菏泽 4 个全国性综合交通枢纽城市，打造和培育济南机场、青岛机场、烟台机场、临沂机场 4 个枢纽机场，加快建设一批综合交通枢纽设施，构建多层次、一体化的"1+2+4+4+N"综合交通枢纽体系。优化能源结构和布局，重点推进青岛港董家口港区、烟台港西港区、龙口港区等液化天然气（LNG）接收储运基地建设，鼓励发展天然气分布式能源，有序发展天然气调峰电站，建设省级天然气管网和运营平台，推进海阳二期和三期、荣成石岛湾二期、招远一期等核电工程建设，大力发展陆上、海上风电和光伏发电，拓展生物质能、地热能利用方式，构建完善清洁低碳、安全高效的现代能源体系。完善水资源优化调配格局，以重大引调水工程、重点水源工程为骨干，以各类中小型供水工程和非常规水源为补充，进一步打通水系，优化水网，加快完善"四方连通，全省一体，多源调剂，统筹兼顾"的全域水资源调配格局。

（六）强化公共服务共建共享

织密扎牢社会保障网，推进城乡区域基本公共服务更加普惠均等可及，建设全龄友好城市群，使人民广泛享受高品质生活。加大基础教育优质资源供给，建立普通中小学大班额长效防治机制，改善中小学办学条件，强化优质学校带动作用，激发中小学办学活力，保障农业转移人口随迁子女平等接受义务教育，完善在迁入地升学考试制度，支持跨区域跨层级名校集团化办学。加快卫生健康事业从以治病为中心向以健康为中心转变，为人民群众提供全生命周期健康服务，深化医疗、医保、医药联动改革，积极推动优质医疗资源扩容和均衡布局，加快健全维护公益性、调动积极性、保障可持续的公立医疗机构运行新机制，实施新一轮区域医疗能力"攀登计划"，创建国家区域医疗中心、国家临床医学研究中心，深化推进县域医共体和城市医联体建设，推进城市群内异地就医直接结算。传承弘扬养老、孝老、敬老的中华民族传统美德，健全老年人社会优待制度体系，大力发展成本可负担、方便可及的普惠性养老服务。实施全民参保计划，巩固扩大社会保险覆盖面，增强社会保险制度的包容性和弹性，推动实现职工基本养老保险由制度全覆盖到法定人群全覆盖，促进居民养老保险适龄参保人员应保尽保，落实城乡居民基本养老保险待遇确定和基础养老金正常调整机制，实现养老保险、医疗保险、社会保险关系转移接续更加便捷高效。

（七）促进生态环境共保联治

坚持保护优先、自然恢复为主，统筹推进"山海湾岛林田河"等战略性生态资源保护，构建生态廊道和生物多样性保护网络，加快形成以国家公园为主体、自然保护区为基础、各类自然公园为补充的自然保护地体系，筑牢生态安全屏障。统筹陆海生态建设，加强沿海防护林、河口、岸线、海湾、湿地、海岛等保护修复，建立系统集成的陆海生态管理模式，实施自然岸线保有率目标管控，建立实施海岸建筑退缩线制度，划定沿海地下水禁采线，制定重点保护滨海湿地名录，建立滨海湿地类型自然保护地，加强滨州贝壳堤岛与湿地国家级自然保护区管理。坚持陆海统筹、区域联动，强化湾区生态环境系统治理，持续推进海岸带保护与修复、渤海生态修复和蓝色海湾整治行动，高水平建设长岛、威海海洋生态文明综合试验区，支持创建长岛海洋类国家公园。加强污染协同治理，突出综合治理、系统治理、源头治理，坚持精准治污、科学治污、依法治污，深入推进大气、水、土壤等重点领域污染防治，实现生态环境根本好转。把碳达峰、碳中和纳入半岛城市群建设全局，推动经济体系、产业体系、能源体系和生产生活方式绿色低碳转型，坚定不移走生态优先、绿色发展的现代化道路。

（八）联手打造对外开放高地

优化全方位开放布局，加快推动要素开放向制度开放全面拓展，建立与国际规则相衔接的开放型经济新体制，塑造国际合作和竞争新优势。积极对接区域全面经济伙伴关系（RCEP），在货物贸易、服务贸易、原产地规则、投资、知识产权、经济与技术等领域深度合作。融入共建"一带一路"高质量发展，构筑互利共赢的产业链、供应链合作体系，携手打造数字丝绸之路、创新丝绸之路、健康丝绸之路和人文丝绸之路。突出"贸易先行"引领带动"四个中心"（区域物流中心、现代贸易中心、双向投资合作中心、商旅文交流发展中心）协同发展，推动上合示范区建设加速起势。综合发挥与日韩地缘相近、文化相通、产业相融等优势，创新深化地方政府及重点企业间合作，推进中日（青岛）地方发展合作示范区、烟台 RCEP 产业合作发展中心、威海中韩自贸区地方经济合作示范区建设，打造中日韩地方经贸合作示范区。高水平建设自贸试验区，打造自贸试验区升级版，推动济南、青岛、烟台片区联动发展、特色化发展，支持有条件的地区建设自贸试验区联动创新区。

（九）引导资源要素融合互动

加快要素市场一体化建设，统一山东半岛城市群建设用地市场，健全城乡建设用地增减挂钩政策。创新人才自由流动、跨区互认、市场联合评定等体制机制，推进人力资源市场和社会保障一体化。推进应用技术类科研院所市场化、企业化改革，推动技术市场一体化。加强金融基础设施、信息网络、服务平台一体化建设，提高制造业、中小微企业和"三农"融资可得性。健全城市群数据联通机制，完善数据流通标准，实行数据资源清单管理，探索建设城市群共享开放的统一数据市场。持续推进"放管服"改革，实施政务服务"双全双百"工程和营商环境创新突破行动，深化"一网通办、一次办好"，大力推进极简办、集成办、全域办，打造审批事项最少、办事效率最高、服务质量最优、企业获得感最强的一流营商环境。

二、区域协调发展机制

1978 年改革开放至今，坚持以经济建设为中心，中国不断走出去、引进来，实行社会主义市场经济体制，市场在资源配置中占据十分重要的位置，随着经济快速发展，区域发展不平衡不协调问题日益突出，这就需要创建科学、合理的区域协调发展机制。山东省委、省政府印发的《贯彻落实〈中共中央 国务院关于建立更加有效的区域协调发展新机制的意见〉的实施方案》中提出建立和完善区域战略统筹、创新产业发展、重大基础设施建设、区域合作、区际利益补偿、区域互助、市场一体化发展、基本公共服务均等化、区域政策调控、区域发展保障十大机制。

（一）建立区域战略统筹机制

强化区域联动发展。以"一群两心、三圈四带"的总体开发格局和"三屏四廊、五区多斑"的总体保护格局为引领，促进区域间相互融通互补。以济南、青岛为核心引领山东半岛城市群发展，带动三大经济圈协同发展，主动融入黄河流域生态保护和高质量发展战略。健全"突破菏泽，鲁西崛起"的协调推进机制，支持菏泽推进乡村振兴，建设成为全省高质量发展的增长极、鲁西崛起的新高地。以三大经济圈建设助推沿海、内陆地区协同开放，以综合交通通道为骨架加强重大基础设施互联互通。

促进城乡融合发展。全面放宽城市落户条件，完善配套政策，打破阻碍劳动力在城乡、区域间流动的不合理壁垒，促进人力资源优化配置。滚动实施乡村振兴"十百千"示范创建工程，通过示范引领，有序推进乡村全面振兴。加快深化农村土地制度改革，推动建立城乡统一的建设用地市场，进一步完善承包地所有权、承包权、经营权三权分置制度，探索宅基地所有权、资格权、使用权三权分置改革。开展农村公路集中攻坚和村内通户道路硬化专项行动，开展县域经济高质量发展综合评价。引导科技资源按照市场需求优化空间配置，促进创新要素充分流动。

推动陆海统筹发展。建立陆海全方位协同发展机制，深入推进海洋强省建设。建立海岸带综合管理协调机制，严格围填海管控，妥善处理围填海历史遗留问题，促进陆海全方位协同发展。推进青岛、烟台国家海洋经济发展示范区建设，打造全国海洋经济发展的重要增长极。强化陆源入海污染源监管，深化三湾等重点海域环境综合治理。做强做优强省港口集团，建设山东国际航运中心，打造世界一流港口。依法依规推进海域、无居民海岛资源市场化配置，完善资源评估、流转和收储制度。健全完善海洋经济统计、核算制度，建立海洋经济调查体系。

（二）创新产业发展机制

优化产业布局。统筹高端装备、高端化工、新一代信息技术等"十强"产业布局，促进产业融合，推动错位发展，防止低水平重复建设带来的同质化竞争。建立完备的"雁阵型"产业集群及集群领军企业培育库，对认定的产业集群，明确在土地供应、资金安排、能耗指标、重大项目方面的重点支持政策。优化调整钢铁、炼化、焦化等高耗能行业布局，推动京津冀大气污染传输通道城市钢铁产业全部退出。引导钢焦一体化布局，从严控制煤炭产区焦炭产能，其他区域逐步退出。

推动开发区高质量发展。深化开发区体制机制改革创新，尽快出台开发区优化整合实施意见以及推进节约集约用地和国际合作园区认定办法，引导有条件的开发区开展亩产效益改革，建立开发区统计体系。

突出重点项目建设。完善专班工作机制，协同推进重大项目建设、产业基地落地、产业集群培育，对"独角兽""瞪羚""单项冠军""隐形冠军""专精特新"企业实施重点扶持。尽快出台建设项目审批、核准流程再造办法，健全重大项目库动态调整机制和项目落地服务机制，搭建重大项目督导服务平台。

（三）完善重大基础设施建设推进机制

构建综合交通体系。推动交通基础设施互联互通，构建功能完善、便捷高效、技术先进、安全绿色的综合立体交通网络。实施普通国省道等级提升工程；推进鲁南高铁等铁路项目完工，新开工济郑等高铁项目；推进青兰高速泰安至聊城段等公路项目建设；实施普通国省道等级提升工程；推进临沂机场等 4 个机场改扩建项目建设；加快董家口港区、烟台港西港区等新港区建设，形成以青岛港为龙头的现代化沿海港口群。

补齐水利发展短板。加快推进节水供水重大水利工程建设；完善防洪抗灾工程体系，实施水库、水闸出险加固和塘坝、沟渠整治；建设南四湖湖东滞洪区防洪工程、恩县洼滞洪区。

提高能源发展质量。实施"外电入鲁"工程，争取将"陇电入鲁"新通道纳入国家"十四五"规划；全面启动海上风电试点示范项目建设；推进 LNG 接收站建设；尽快出台核能、氢能产业中长期发展规划；结合氢燃料电池汽车试点推广应用，科学布局公共加氢站，打造高速公路氢走廊。

推进 5G 等信息基础设施建设。系统谋划和加快推进 5G 等新基建设施，搞好顶层设计和产业规划。布局济南、青岛、烟台等核心城市和重要节点城市 5G 基站等网络基础设施，加快建设青岛 5G 高新视频实验园区。

（四）构建区域合作机制

强化流域上下游合作。健全流域联席会议制度，优化流域生产生活生态布局。编制提报大运河（山东段）文化保护传承利用实施规划，制定淮河生态经济带发展规划试点方案，支持枣庄、济宁、泰安、临沂、德州、聊城、菏泽等市与沿河城市共同建设富有流域特色的生态经济带和文化保护发展带。开展南四湖、东平湖流域环境监管和行政执法机构设置试点。加快推进黄河、小清河等重点流域经济带上下游间合作发展。建立健全上下游毗邻地市规划对接机制，协调解决地区间合作发展重大问题。完善流域内相关市政府协商合作机制，构建流域基础设施体系，严格流域环境准入标准，加强流域生态环境共建共治，推动上下游地区协调发展。推进黄河流域生态保护和高质量发展，积极探索黄河流域合作新机制。济南打造黄河下游中心城市，沿黄城市分别以黄河滩区扶贫攻坚、水资源高效利用、黄河三角洲生态保护为重点，融入黄河流域生态保护和高质量发展战略。协同推进生态保护和脱贫、防洪，实施黄河三角洲自然保护区生态保护修复、东平湖蓄滞洪区综合治理和黄河滩区居民迁建工程。

推动省级区域协同发展。健全规划衔接、重大设施建设、环境共治等区域发展协调机制，完善园区共建、产业转移、科技成果转化等利益共享机制。健全对接京津冀、长三角等区域战略的工作机制，在北京、上海筹建对接办事机构。推动山东半岛城市群和中原城市群融合发展，打造豫鲁协作发展先行示范区。

拓展国际区域合作。深度参与共建"一带一路"，支持中国－苏丹农业合作园申建国家级产能合作园区，高标准建设中国－上合地方经贸合作示范区，加快建设中国（山东）自由贸易示范区。在新旧动能接续转换、海洋经济发展等方面形成更多制度创新成果。整合优化各类海关特殊监管区域，推动成为综合保税区。建设曲阜优秀传统文化传承发展示范区和以稷下学宫为核心的齐文化传承创新示范区，进一步提升齐鲁文化国际影响力。

（五）深化区际利益补偿机制

完善横向生态补偿机制。树立谁保护谁受益、谁污染谁付费的绿色发展导向，实施空气质量、地表水环境、自然保护区生态补偿，对相关环境质量指标达标或者改善的市给予补偿资金，恶化的市缴纳赔偿资金。实施重点生态功能区生态补偿，对国家重点生态功能区、省级重要水源地等主要依据人口规模、区域面积、财力缺口等因素确定补偿资金。加大对限制开发区域、禁止开发区域生态保护财政转移支付力度，健全综合性生态保护补偿、森林生态效益补偿，提高全流域生态保护补偿标准，完善生态保护成效与相关转移支付资金分配挂钩机制。

建立粮食主产区激励支持机制。健全涉农资金统筹整合、农业投入增长、粮食主产区利益补偿等机制，落实产粮大县奖励办法，继续实施产粮大县粮食风险基金动态补助，完善粮食主产区利益补偿机制。鼓励销区企业到产区建立粮食生产基地、仓储物流设施，鼓励产区企业在销区建设仓储物流设施和营销网络，打造"齐鲁粮油"品牌。

（六）优化区域互助机制

深入实施省内扶贫协作。完善省内"6+6"扶贫协作机制，督促 6 对协作市全面落实协作协议。支持淄博国家扶贫改革试验区开展扶贫资产运营管理试点，继续推进"千企帮千村"脱贫攻坚行动。推行"飞地经济"模式，对省内各级政府引导的跨区域投资建设重大产业项目，以及承接省外国家重点发展区域的重大产业转移项目，实行项目转出地与转入地主体税收共享。

深入开展对口合作。推进对口支援、东西部扶贫协作，助力新疆喀什、西藏日喀则、青海海北州等地打赢脱贫攻坚战。建立高等院校、科研机构、科技型企业等创新主体与受援地创新资源共享机制，实施鲁渝科技协作计划。

（七）健全市场一体化发展机制

促进区域间要素自由流动。实施公平竞争审查制度，严禁出台妨碍统一市场和公平竞争的各种规定，完善信用监管等新型监管措施，推动形成统一大市场。逐步放宽济南、青岛落户限制，全面放开其他 14 市户口迁移限制。完善农村承包地、宅基地"三权分置"制度，建立集体经营性建设用地入市制度。完善科技资源共享机制，培育省级创新创业共同体，推进济南、青岛、东营、烟台、潍坊、济宁国家创新型城市建设。

完善区域交易平台和制度。深化公共资源交易平台整合共享，将适合以市场化方式配置的自然资源、碳排放权、用水权、用能权交易列入省公共资源交易目录。规范发展具有金融属性的交易场所，整合功能相近的交易场所，促进生产要素依法有序流转。

（八）完善基本公共服务均等化机制

提升基本公共服务保障能力。深入推进财政事权和支出责任划分改革，将教育、医疗、养老等8大类17项重大基本公共服务列入省与市县共同财政事权范围。完善省级财政转移支付规模、结构动态调整机制，基本公共服务投入向贫困地区、薄弱环节和重点人群倾斜。

提高基本公共服务统筹层次。实现企业职工基本养老保险基金省级统收统支，实施养老保险全民参保计划，完善居民基本养老保险待遇确定和基础养老金调整机制；做实基本医疗保险市级统筹；推进县域内城乡义务教育一体化。推动区域间基本公共服务衔接。制定山东省基本公共服务标准，建立劳动就业、社会保障省内跨区域流转衔接制度，进一步扩大全省异地就医联网定点医院机构规模。

（九）创新区域政策调控机制

实施差别化政策。强化对主体功能区差别化政策引导，实行逐步加严的能耗强度和总量"双控"制度，建立以单位能耗产出效益为导向的区域、行业、企业分级评价制度。在安排省预算内基本建设投资和省财政专项转移支付资金时，向欠发达地区、资源枯竭地区、老工业基地和重点生态功能区倾斜。实施省重点扶持区域引进急需紧缺人才项目，加大欠发达地区科技副职选派规模，对到欠发达地区企业博士后科研工作站或创新实践基地开展博士后研究的申请人才予以政策倾斜。

实行均衡性财政转移支付。深化省财政直管县改革，完善县级基本财力保障机制、均衡性转移支付等一般性转移支付办法，健全财政转移支付同农业转移人口市民化挂钩和激励机制，将常住人口人均财政支出差异控制在合理区间。

（十）强化区域发展保障机制

规范区域规划管理。完善区域规划编制、审批和实施工作程序，实行区域规划编制目录管理制度，健全区域规划实施机制，加强中期评估和后评估。研究"十四五"时期新的区域发展布局，争取更多山东元素纳入国家"十四五"规划。

加强监测评估。围绕缩小区域发展差距、区域一体化、资源环境协调等领域，建立区域协调发展评价指标体系以及风险识别和预警预案制度，会同权威机构发布区域协调发展指数。

加强组织领导。有关部门要研究制定具体的、具有可操作性的措施办法，形成促进区域协调发展的合力。

第四章

▲

胶东经济圈一体化发展研究

4

———— ▲ ————

　　在山东省"一群两心三圈"的区域布局中，胶东经济圈是当之无愧的"明星"。胶东五市地缘相接、人缘相亲、经济相融、文化相通，都有着自己的产业基础和比较优势，就像五根粗细、长短不一的手指展开，如今，这"五根手指"要攥指成拳。2020年年初《山东省人民政府关于加快胶东经济圈一体化发展的指导意见》（后简称《关于加快胶东经济圈一体化发展的指导意见》）明确提出"加快胶东经济圈青岛、烟台、威海、潍坊、日照等市一体化发展，构建合作机制完善、要素流动高效、发展活力强劲、辐射作用显著的区域发展共同体，打造全省高质量发展强劲引擎"。实施胶东经济圈一体化发展战略是胶东半岛加快构筑"陆海内外联动、东西双向互济"新开放格局，融入"国内大循环为主体、国内国际双循环相互促进"新发展格局的战略选择，是青岛持续提升城市能级、加快实现动能转换、更好发挥龙头作用和确立中心城市地位的重大机遇，势必带动山东半岛城市群崛起，进而在高质量发展中发挥示范带动作用。本章系统描述胶东经济圈的基本情况，总结一体化发展历程、基础优势和主要障碍，利用地表覆盖数据、夜间灯光数据等直观表现胶东经济圈区域空间结构的演变，分析一体化发展的机遇挑战和重大意义，确定一体化发展的总体思路，提出胶东经济圈陆海联动发展的空间格局，以期为胶东经济圈一体化发展重点任务的确定提供基础依据和思路引导。

———— ▼ ————

第一节

▲

胶东经济圈基本情况

胶东经济圈位于山东半岛城市群沿海区域，北邻渤海，东依黄海，与辽东半岛、朝鲜半岛隔海相望，包括青岛、烟台、潍坊、威海、日照五市全域，陆域面积5.2万平方公里，海域面积13.3万平方公里，2020年胶东经济圈常住人口3243万人，地区生产总值3.1万亿元，分别占全省的31.9%、42.5%。胶东经济圈是黄河流域对外开放的重要门户和陆海交通走廊，中国（山东）自贸试验区、上合示范区等多个国家战略在此叠加实施，是全省经济发展的火车头、对外开放的领头雁。

一、胶东的历史沿革

胶东概念古已有之。古时胶东地区为东夷族中莱夷、嵎夷聚居地，秦始皇统一中原六国后，在山东设立"胶东郡"，汉代封"胶东国"，两者的行政中心区域都在即墨故城一带。自唐代直到清朝中前期，胶东地区的中心则位于莱州湾一侧，大体维持着登州、莱州两个平行的行政区划。登州治所蓬莱，莱州治所掖县，其中蓬莱海运便捷，曾为古代海上丝绸之路起点之一，"日出千杆旗，日落万盏灯"，兴盛一时。

改革开放后，随着对外贸易的繁荣，青烟威的城市定位更为清晰，胶东半岛区域发展的格局也基本确定。今日的胶东，狭义上指山东烟台、威海和青岛，广义上则又包括日照、潍坊。历经两千多年的变迁，这片古代的荒蛮海岸成为山东经济的大湾区。

二、胶东经济圈的区位条件和地理环境

胶东经济圈地理位置优越、气候条件适宜、自然环境优美，极其适合生活和居住。通过分析胶东经济圈的区位条件和地形地貌、岛屿港湾、气候植被、自然资源等地理环境要素，对胶东经济圈有以下初步的认识和了解。

区位优势明显。胶东经济圈地处我国华北平原东北部沿海地区，山东省东部，向东与日韩隔海相望，向西背靠黄河流域广阔腹地，向南连接长三角，向北对接京津冀，是我国对日韩开放最前沿、21世纪海上丝绸之路与新亚欧大陆桥经济走廊交汇的关键区域、沿黄省份和上合组织国家主要出海口。

地形以丘陵为主。胶东经济圈丘陵起伏，海拔多在500米以下，主要由花岗岩组成，最高峰崂山海拔1133米。中北部的牙山、昆嵛山、伟德山以及罗山、大泽山、艾山等，多为近北东走向。山地丘陵间有桃村地堑盆地、莱阳断陷盆地和胶莱凹陷平原等。沿海有宽窄不等的带状平原，以蓬（莱）黄（县）掖（县）平原面积最大。

海岸线曲折，多深水港湾。胶东经济圈海岸蜿蜒曲折，港湾岬角交错，岛屿罗列，是华北沿海良港集中地区。陆地海岸线2782.2公里，约占全国的1/7，拥有青岛、日照、烟台3个货物吞吐量过4亿吨的大港。半岛沙嘴沙滩发育。沙洲发育之地，岛陆相连形成陆连岛，如烟台附近的芝罘岛、龙口附近的屺姆岛。沿海岛屿除渤海海峡的庙岛群岛外，均分布于近陆地带，较大者有象岛、养马岛、莫邪岛、杜家岛、田横岛、刘公岛、鸡鸣岛、崆峒岛、褚岛、苏山岛和南黄岛等。

气候四季分明。胶东经济圈属暖温带湿润季风气候，1月均温零下3摄氏度至零下1摄氏度，8月（最热月）均温约25摄氏度，极端最高温约38摄氏度。年降水量650~850毫米，半岛南侧在800毫米以上，西北侧滨海平原约600毫米。年降水量约60%集中于夏季，且强度大，常出现暴雨。

春季、秋季降雨稀少，尤其是春旱更为严重。全年湿度变化剧烈，春季干燥多风，夏季湿度大，但气温低于内陆 2~3 摄氏度。

果蔬资源丰富。胶东经济圈天然植被为暖温带落叶阔叶林，地带性土壤为典型棕色森林土（俗称山东棕壤）。农作物可一年两熟，主产冬小麦、大豆、玉米等。盛产水果和蔬菜，著名的有烟台苹果、莱阳茌梨、平度大泽山葡萄、乳山钟家沟樱桃、胶东大白菜、潍县萝卜、寿光蔬菜等。

三、胶东经济圈经济社会发展情况

作为山东乃至中国北方经济活力强、开放程度高的区域，胶东经济圈经济基础坚实、创新动能强劲、开放优势显著、海洋实力突出、生态本底一流、文旅资源丰富多样、基础设施全面提升、公共服务持续优化、城乡发展更趋协调，经济社会高质量发展扎实推进。

经济基础坚实。胶东经济圈经济总量占山东省的 42.5%，占黄河流域九省区的 13%，工业总产值过 4 万亿元，服务业主营业务收入过 5 万亿元，现代海洋、高端装备、高效农业等产业引领经济发展，轨道交通装备、节能环保、生物医药、先进结构材料 4 个集群入选国家级战略性新兴产业集群。聚集了 7 个国家级百强产业园区、19 个国家级开发区、9 个国家文化产业示范基地、45 个省级文化产业示范基地，形成了 2 个万亿级产业、9 个千亿级产业和 26 条战略性新兴产业重点产业链。胶东经济圈是我国重要的制造业基地，现已形成以装备制造、智能家电、高端化工和轨道交通等优势产业为主的高端制造产业链。以海尔、海信、澳柯玛等全球知名企业为代表的智能家电产业规模稳居全国首位，享誉世界。以潍柴控股、南山集团、四方机车为代表的装备制造产业规模均位居全国前列。以青岛港、烟台港和日照港为代表的先进港群对外贸易领先全国。依托优质的滨海空间，形成了包含海洋生物医药、海洋科创、蓝色旅游、海洋食品、海洋装备等的涉海产业联动带。智能电子、精品钢铁、现代旅游等一系列特色优势产业蓬勃发展。

　　创新动能强劲。拥有青岛海洋科学与技术试点国家实验室、烟台核电研发中心、潍柴内燃机可靠性重点实验室等 200 余家国家级科技创新平台。"蓝鲸 2 号"钻井平台、"蛟龙号"载人潜水器等大国重器世界领先。胶东经济圈研发人员约占全省的 40%、研发经费支出约占全省的 42%，发明专利申请量约占全省的 51%。科技成果加快转化，高速磁浮试验样车、"东方红3"科考船、半潜式储油平台等一批科技成果处于世界领先水平。高校院所、行业领军企业等 200 余家单位联合成立半岛科创联盟，已促成 300 余项产学研合作。区域创新一体化趋势加快，青岛中车四方、烟台中集来福士、威海威高集团、日照钢铁集团等龙头企业不断进行产学研跨界合作，烟台生物医药及大健康产业技术服务平台、青岛海洋科学与技术试点国家实验室等科技创新合作平台不断加深国际交流合作。

　　开放优势显著。叠加"一带一路"、黄河流域生态保护和高质量发展、新旧动能转换综合试验区、自贸试验区、上合示范区等国家战略，中日韩地方经贸合作深入拓展。中日（青岛）地方发展合作示范区、威海中韩自贸区地方经济合作示范区、国家跨境电子商务综合试验区等高层次开放载体平台建设扎实推进，青岛中德生态园、中韩（烟台）产业园、烟台中德新材料产业园、威海服务贸易产业园、中韩（日照）国际合作产业园等一系列国际合作产业园区蓬勃发展，在"一带一路"沿线国家和地区建立了一批境外经贸合作区，培育打造境外产业集聚区，海尔、海信等优势品牌均在境外建设生产基地。拥有 8 个国家级经济技术开发区、8 个海关特殊监管区，均占全省一半以上。2020 年胶东经济圈进出口总额 1.4 万亿元，实际利用外资 110.4 亿美元，分别占全省的 64.4%、62.6%。

　　海洋实力突出。胶东经济圈海洋生物、能源、矿产资源丰富，海洋经济综合实力稳居全国前列，海洋科技创新能力全球领先。现代海洋渔业、海洋生物医药、海洋盐业、海洋新能源、海洋交通运输 5 个产业规模全国领先。2020 年，海洋生产总值达到 9150 亿元，约占全国的 1/8。港口一体化改革产生强劲动能，航线数量和密度均稳居我国北方港口第一位，港口吞吐量居全国第二，外贸吞吐量位居全国沿海省份第一位，海洋交通运输业产值规模超过 1200 亿元。渔业养殖更深更远更绿色，全省国家级海洋牧场示范区全部位于胶东经济圈，数量约占全国的 40%；海洋战略新兴产业发展迅速，海工装备制造业迈向千亿层级，初步建成船舶修造、海洋重工、海洋石油装备制造等三大海洋制造业基地；"蓝色药库"蓄势待发，海洋生物医药产业产值约占全国的二分之一。涉海两院院士占全国的三分之一，高层次海洋科技人才占全国的二分之一，部级以上涉海高端研发平台占全国的三分之一。

生态本底一流。胶东经济圈"山海湾岛林田河"要素齐全，拥有国家级自然保护区 5 处，整体环境质量位于山东省前列，长岛海洋生态文明综合试验区保护发展取得重要阶段性成果。胶东五市均为国家森林城市、国家园林城市，森林面积 1.12 万平方公里，占全省的近 40%，森林覆盖率 21.47%，远超山东省平均水平，昆嵛山、马山、崂山等山体组成半岛绿心，是胶东地区的水源涵养区、动物栖息地，成为山东省东部一叶重要的"生态绿肺"。湿地面积 6881.80 平方公里，约占全省的 40%，滨海湿地广布，姜山湿地、五龙河口湿地等天然湿地为优化水气环境作出了重要贡献，成为胶东半岛的"天然水库"。河湖交错，水网密布，面积在 50 平方公里以上的河流 300 余条，其中 1000 平方公里以上的河流干流 20 条，国控、省控河流断面水质基本达到国家标准，劣 V 类水体基本消除，城镇集中式饮用水水源地水质达标率 100%。空气质量优良，各类指标基本达到国家二级标准，主要污染物二氧化硫、二氧化氮平均浓度位于全省最低水平，区域空气优良天数比例平均在 80% 以上。

文旅资源丰富多样。旅游消费与到客人数持续增长，胶东经济圈旅游总消费占省内旅游消费总量的 47%，周边游客流量占省内游客总量的 40%～50%。经济圈景区繁多，种类丰富，A 级景区数量占全省的 33%，拥有崂山、蓬莱阁、刘公岛等国家 5A 级景区 7 处，胶东半岛海滨风景名胜区、青州风景名胜区等国家级风景名胜区 3 处。昆嵛山、荣成大天鹅、山旺古生物化石等国家级自然保护区 5 处。凤凰岛、海阳、蓬莱岛国家级旅游度假区 3 处。经济圈民俗相近、人文相通，历史、文化一脉相承，儒家文化、仙道文化、海洋文化、红色文化交相辉映。拥有青岛、蓬莱、烟台、青州国家级历史文化名城 4 个，潍坊、莒县、文登省级历史文化名城 3 个。历史文化名镇、村共 48 个，占全省的 40%。中国传统村落 41 个，占全省的 33%。文物保护单位数量占全省的 60%，博物馆数量占 34%。拥有烟台剪纸、诸城派古琴、莒县过门笺等 4 项人类非物质文化遗产和 49 项国家级非物质文化遗产。

基础设施全面提升。"十三五"期间胶东五市全面优化综合交通网络布局，加快推进重大交通基础设施建设，初步形成以区域枢纽机场、现代化港口群以及铁路、公路交通干线为支撑的交通网络。铁路建设全面提速，"三横两纵"骨干货运铁路网基本建成，"四横两纵"快速铁路客运网加快构建，铁路营运里程达到 2511 公里，占山东省的 38.11%，铁路网密度高于山东省平均水平，初步形成高速铁路"半岛环"。高速公路建设持续加快，着力构建"五横五纵一环"高速公路网，通车里程达到 2500 公里，占全省的 38.78%，高速路网密度高于山东省平均水平。航空布局不断优化，青岛胶东国际机场建成运营，烟台机场二期、威海机场扩建工程开工建设，潍坊、威海新机场选址工作完成，胶东五市客运吞吐量 3853 万人次，占全省的 66.8%。水运能力稳步提升，拥有 300 多条全球航线、69 条海铁联运集装箱班列，港口年吞吐量 13.4 亿吨，青岛港、日照港、烟台港稳居全国沿海港口货物吞吐量十强。区域供水设施不断完善，供水保障能力显著增强，黄水东调、引黄济青改扩建等工程相继建成。榆横至潍坊的"外电入鲁"通道建成投用，风电、生物质发电、光伏发电等新能源开发利用水平不断提高，新能源和可再生能源发电装机量达到 1865 万千瓦，能源多元化供应格局基本形成。

公共服务持续优化。胶东经济圈教育医疗资源密集，拥有 56 所高等院校、2 所教育部直属高校、34 所省属高校、25 所本科院校，分别占到山东省的 38.35%、33.01%、66.6%、35.7%。拥有卫生机构 26606 个、病床数 192505 张、卫生技术人员 250877 个、三甲医院 47 家，分别占到山东省的 32.6%、31.6%、53.1%、36.4%。每万人拥有卫生技术人员 78.8 人，远高于山东省 46.8 人 / 万人的平均水平。公共服务一体化持续推进，胶东五市打破壁垒、取消掣肘、消除障碍，成立教育、医疗、信用等 30 多个联盟，签署 40 多项合作协议。先后建立胶东半岛政务服务帮办代办机制，成立胶东经济圈公共就业与人才服务联盟、胶东五市教育协同发展联盟，签署卫生健康一体化发展合作框架协议、公共就业与人才服务联盟一体化战略合作框架协议等内容。公积金实现异地接续转移、信息核查共享、异地缴存互认。企业开办实现"区域通办"。

城乡发展更趋协调。新型城镇化水平稳步提升，2020 年常住人口城镇化率达到 69%，高于山东省城镇化水平 6 个百分点。青岛即墨、烟台蓬莱长岛等完成撤市（县）设区，青岛市迈入特大城市行列，拥有 9 个全国百强县（市）、59 个全国重点镇，形成 1 个特大城市、2 个大城市、4 个中等城市、19 个小城市均衡分布的城镇体系。扎实推进乡村振兴战略，高标准推进农村"七改"工程，开展美丽乡村、美丽村居建设行动，农村人居环境明显改善，乡村振兴齐鲁样板示范区先行区建设取得重要进展，诸城市、荣成市、平度市 3 个县（市）入选全省乡村振兴"十百千"示范县，32 个镇街入选全省乡村振兴"十百千"示范乡。胶东五市签订了《胶东经济圈农业一体化发展战略合作框架协议》《胶东经济圈农产品供销一体化发展战略合作协议》等，建立机制、搭建平台、拓展市场，为区域内农业一体化发展、农村富裕、农民增收提供了有利条件。农业转移人口城镇落户限制全面消除，基本公共服务均等化水平不断提高，城乡基础设施一体化建设不断推进，社会治理体系不断健全，城乡要素双向流动，城乡发展差距和居民生活水平差距不断缩小。积极开展城乡融合试点工作，拥有 1 个国家城乡融合发展试验区和 4 个省级城乡融合发展试验区，逐渐形成了可复制可推广的城乡融合发展典型经验（图 4-1）。

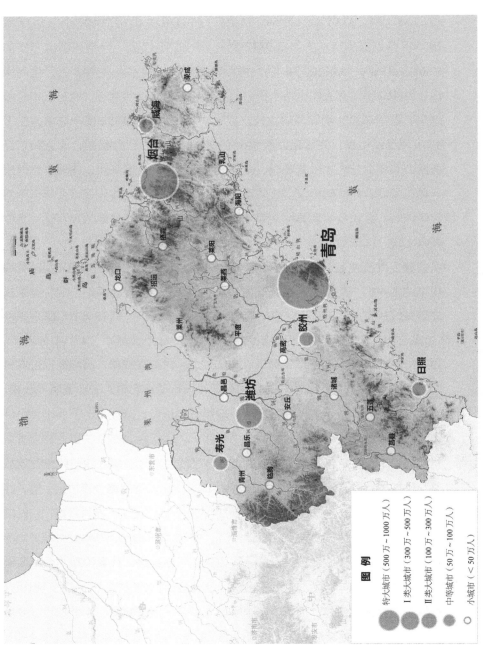

图 4-1　胶东经济圈城镇体系现状图

四、胶东经济圈人口流动及对外联系分析

运用手机信令数据和全国民航数据等，对胶东经济圈省内外人口流动状况和国内外航班状况进行分析，从而对胶东经济圈对外联系情况有更深入的认识。

省外人口流动分析。近年来，随着经济的发展，文化的进步，胶东经济圈与全国其他省（市）间联系得更加密切。根据随机抽取手机信令数据显示（正常工作日时间段），与胶东经济圈人口流动最密切的省份集中于河南省、北京市和上海市，占省外总量的32.03%。就胶东五市而言，省外省市中流入青岛市的占40.90%，烟台市占19.92%，潍坊市占18.11%，日照市占10.65%，威海市占10.42%。

省内人口流动分析。根据随机抽取手机信令数据显示（正常工作日时间段），山东省内与胶东经济圈人口流动密切的城市主要为临沂市、淄博市和济南市，占省内总量的73.10%（图4-2）。就胶东五市而言，省内其他城市流入日照市的占48.23%，潍坊市占28.06%，青岛市占15.36%，烟台市占6.44%，威海市占1.91%。

航空班次联系。截至2020年年底，胶东经济圈内运输机场5个，开通航线338条。其中，青岛流亭国际机场国际通达城市22个，国内通达城市84个；烟台蓬莱国际机场国际通达城市14个，国内通达城市75个；威海大水泊国际机场国内通达城市25个，潍坊南苑机场国内通达城市13个，日照山字河机场国内通达城市21个。国际航班联系度集中在韩国、日本及东南亚。国内航班联系度集中在北京、上海和深圳三市，其中由胶东经济圈飞往三市的航班占胶东经济圈离港航班总量的27.9%，由三市飞往胶东经济圈的航班占胶东经济圈抵港航班总量的27.8%。2021年胶东经济圈机场旅客吞吐量2531.6万人次，完成货邮吞吐量36.56万吨，完成飞机起降33.38万架次（表4-1）。

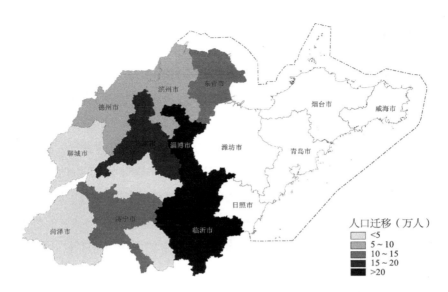

人口迁移（万人）
- <5
- 5~10
- 10~15
- 15~20
- >20

图 4-2　胶东经济圈与省内其他城市人口流动示意图

胶东经济圈五市民用运输机场吞吐量情况一览表　　　表 4-1

城市	旅客吞吐量（万人次）	货邮吞吐量（万吨）	起降架次（万架次）
青岛	1603.2	23.8	14.0
烟台	595.6	7.5	6.2
威海	200.5	1.92	2.3
潍坊	68.0	3.2	0.87
日照	64.3	0.14	10.01
总计	2531.6	36.56	33.38

资料来源：2021 年全国民用运输机场生产统计公报。

第二节

▲

胶东经济圈合作发展历程与基础

胶东经济圈是山东省开放程度最高、经济活力最强、发展潜力最大的区域，经济社会发展走在全省前列，具有海洋科技研发和产业集聚、海陆空综合交通枢纽、双循环纽带、科创资源集聚融合、先进制造业发达等优势，具备高质量一体化发展的良好条件，但也面临核心城市辐射带动能力不强、产业同质化竞争激烈、协作机制不完善等问题。在省委、省政府的坚强领导下，胶东经济圈五市携手并进、乘势而上，聚焦经略海洋、基础设施、产业创新、生态环保、对外开放等领域，建立健全一体化发展体制机制，持续创新合作路径，区域综合竞争力明显增强，推进一体化高质量发展站上新起点、迈向新阶段。

一、胶东经济圈合作发展历程

胶东五市同处胶东半岛，地缘相接、人缘相亲、经济相融、文化相通，合作发展历史悠久。自提出胶东经济圈概念、启动胶东经济圈一体化进程以来，胶东五市不断加强合作，在文旅、公服、金融、交通、先行区示范区建设等多领域签订相关协议、出台相关文件、成立合作联盟、不断创新探索，胶东经济圈合作发展步伐持续加快。

胶东五市合作发展历史悠久。早在 2004 年，日照市就提出"接轨青岛，融入半岛城市群"发展战略；2012 年，两市签署建设蓝色经济区框架协议。

2007年，青岛与潍坊签署青潍一体化合作协议，提出了"青潍一体化发展"概念，近年来，两城在经济、人才、文化等方面不断加强合作，青岛与潍坊的联系进一步紧密。2012年，青岛和烟台两市政府签署全面战略合作框架协议，重点在区域开发、基础设施、旅游会展、产业发展、市场开拓、人才科研等方面携手开创全面区域合作新局面。而烟台和威海本就是一体，自1987年6月两市"分家"到现在，也不过30多年。

胶东经济圈概念的提出和发展。2020年，山东省委、省政府提出实施省会、胶东、鲁南三大经济圈的区域发展战略，明确胶东经济圈包括青岛、烟台、威海、潍坊、日照五市，重点发展现代海洋、先进制造业、高端服务业等产业，打造全国重要的创新中心、航运中心、金融中心和海洋经济发展示范区。2020年年初，山东省政府印发《关于加快胶东经济圈一体化发展的指导意见》，提出加快胶东经济圈一体化发展，描绘了胶东经济圈的发展愿景：打造中国新的增长极、中国长江以北地区更高水平对外开放的新支点、黄河流域生态保护和高质量发展的龙头、中国北方的创新高地、山东对外开放的桥头堡。2021年8月，《胶东经济圈"十四五"一体化发展规划》印发实施，明确了胶东经济圈一体化发展的定位、目标和空间格局，从经略海洋、协同创新、产业发展、生态环保、开放合作、基础设施、公共服务、体制机制等方面提出了胶东经济圈一体化发展的主要路径，为胶东经济圈一体化发展指明了方向、带来了新的机遇。

胶东经济圈各领域合作发展加快推进。胶东经济圈一体化启动后，胶东五市携手发展动作不断。2020年5月初，召开胶东经济圈一体化发展工作推进会议，胶东五市迅速签署框架协议或合作备忘录，谋划胶东经济圈一体化发展的实现路径。随后，胶东五市文化和旅游局共同签署《胶东经济圈文化旅游一体化高质量发展合作框架协议》，成立胶东经济圈文化旅游合作联盟。胶东五市行政审批服务局联合推行政务服务跨市帮办代办工作，建立"线上一网通办、线下异地可办"工作机制，开创胶东半岛政务服务"区域通办”的新模式。五市地方金融监督管理局局长同赴线上之约，共同签署《胶东经济圈一体化金融战略合作协议》。"胶东经济圈农产品供销一体化发展战略合作协议签约仪式暨首届胶东经济圈农产品展销会"举行，开启胶东半岛经济圈农产品供销一体化发展新篇章。着力推动基础设施互联互通，加快构建以国际机场、港口等重要枢纽和高速铁路、城际铁路、高速公路为骨干的现代化高质量综合立体交通网络，打造便捷高效的胶东"一小时交通圈"。印发实施《莱西莱阳一体化发展先行区建设实施方案》，获批建设山东省首个区域一体化发展先行区。

二、胶东经济圈一体化发展的基础优势

从海洋科研和产业集聚、海陆空铁综合交通、国内国际双循环、产学研科创资源、现代化产业体系等角度，分析胶东经济圈一体化发展的基础条件和优势。

海洋科技研发和海洋产业集聚的"依海"优势。胶东五市均为沿海城市，大陆海岸线总长2782.2公里，占山东省海岸线总长的80%左右，便于聚力海洋渔业、海工装备制造、海洋生物医药、海洋文化旅游、海洋交通运输、海水淡化和综合利用等构筑现代海洋产业体系。青岛建成交付了全球最大的40万吨新型矿砂船、世界最大吨位的"海上石油工厂"P70（海上浮式生产储卸油装置）等世界顶级产品，海水淡化能力约占全国的1/5。烟台是全球四大深水半潜式平台建造基地之一，我国第一艘自主建造的半潜式钻井平台、世界第一艘30万桶圆形储油加工船、世界第一条半潜式游艇专用运输船等均诞生于烟台。胶东经济圈依托强大的海洋装备制造基础向深远海迈进"耕海牧渔"，截至2020年年底胶东经济圈共拥有国家级海洋牧场53处，占全国的39%。其中，烟台市17处，青岛市16处，威海市14处，青岛市成功获批全国第一个国家深远海绿色养殖试验区，全球首艘10万吨级游弋式智慧渔业养殖工船"国信1号"签约建设。青岛市聚集了全国近30%的

涉海院士、近 1/3 的涉海高端研发平台，拥有海洋试点国家实验室、国家深海科考基地、中科院海洋研究所、黄海水产研究所等重量级科研机构。以蛟龙、海龙和潜龙为代表的系列大洋深潜装备体系在青岛市实现了"三龙聚首"。"东方红 3""蓝海 101 号""深蓝号"等先进科考船入列。威海市推进全域国际海洋科技城建设，以国家浅海综合试验场为核心，建设远遥浅海科技湾区。

"海港 + 空港 + 陆港"综合交通枢纽优势。《国家综合立体交通网规划纲要》明确青岛为国际性综合交通枢纽城市，青岛港被列为国际枢纽海港。胶东国际机场已转场运营，蓬莱国际机场二期工程全面开工，潍坊新机场规划立项快速推进。青岛港、日照港、烟台港稳居全国沿海港口货物吞吐量十强，全省港口资源整合，进一步明确各港口间分工，激发发展活力。2020年，青岛港完成港口吞吐量 6.1 亿吨，外贸吞吐量 4.5 亿吨，集装箱吞吐量2201 万标准箱。日照港拥有生产性泊位 84 个，其中万吨级以上泊位 73 个，2020 年完成港口货物吞吐量 4.96 亿吨，集装箱吞吐量 486 万标箱。烟台港拥有生产用码头泊位 242 个，其中万吨级及以上泊位 108 个，2020 年完成港口货物吞吐量 3.99 亿吨，港口集装箱吞吐量 330 万标箱。威海市 2020 年完成港口货物吞吐量 3863 万吨，集装箱吞吐量 122 万标箱。潍坊港拥有泊位 45 个，其中万吨级以上泊位 20 个，2020 年完成货物吞吐量 5009 万吨。

高效联通国内国际双循环的纽带优势。胶东经济圈地处对日、韩两国开放最前沿，是海上丝绸之路与新亚欧大陆桥经济走廊交汇的关键区域，是上合组织国家主要出海口，中国（山东）自贸区、上合示范区、山东半岛国家自主创新示范区、新旧动能转换综试区等多个国家战略叠加实施，拥有 8 个海关特殊监管区和 4 个国家级跨境电商综试区，青岛市、威海市获批全面深化服务贸易创新发展试点。2020 年胶东五市进出口总额为 14192.4 亿元，占山东省的 64.4%，其中，出口总额 8581.5 亿元，进口总额 5610.9 亿元，分别占山东省的 65.7% 和 62.7%。2020 年胶东五市实际使用外资 110.35 亿美元，占山东省的 62.6%，目前已有 200 多家世界 500 强企业在胶东经济圈投资了 600 多个项目，"双招双引"成效持续扩大。成功举办上合组织青岛峰会、跨国公司领导人青岛峰会、中日韩产业博览会等重大活动，与全球 125 个城市建立了友好合作城市关系，与 151 个城市建立了经济合作伙伴关系，国际影响力不断提升。

"政产学研金服用"集聚融合的科创优势。胶东经济圈拥有 56 所高等院校、11 个国家重点实验室、15 个国家级工程技术研究中心，人才和技术等创新要素高度聚集。截至 2020 年年底，胶东经济圈有高新技术企业 7551 家，占山东省的 51.7%，集聚国家高速列车技术创新中心、中国海工北方总部、国家浅海综合试验场、威海高性能医疗器械创新中心等重大科研机构平台。青岛市先后获批国家知识产权强市创建市、国家知识产权运营服务体系建设重点城市、济青烟国家科技成果转移转化示范区、外国专家换用汇便利化试点等。烟台市在海上火箭发射、卫星电子原器件、C919 大飞机钛合金紧固件、石油开采装备关键部件、半潜式海上石油钻井平台、动车组车体及护板、高档汽车轻量化、新药创制等前沿技术领域取得突破。

基于先进制造的现代化产业体系优势。青岛市具有雄厚的产业基础，已形成门类齐全、结构完备的工业体系，制造业涵盖 31 个行业大类，家电、汽车、石化、食品等产业链的产值都超过千亿元，拥有海尔、海信、中车四方、青啤等一批世界知名制造业企业，2020 年实现工业增加值 3268.38 亿元。青岛市发起"高端制造业＋人工智能"攻势，提出将打造工业互联网之都作为城市突破发展的重要战略，推动"两业融合"。烟台市在工业新旧动能转换中走在全省、全国前列，装备制造拥有中集来福士、杰瑞集团等"大国重器"企业，电子信息拥有山东半岛最大的 3C 产品工业基地富士康、全省首个科创板上市企业睿创微纳等，食品加工拥有中国乃至亚洲最大的葡萄酒生产企业张裕、鲁花花生油等，高端化工拥有万华化学、玲珑轮胎等，均在全国具备竞争优势。

三、制约胶东经济圈一体化进程的主要障碍

加快胶东经济圈一体化发展进程，既是国家、山东省交给胶东五市的战略任务，也是当前阶段五市高质量发展的内在要求。但胶东经济圈一体化也面临核心城市辐射带动能力不强，五市之间经济关联度弱；产业结构趋同，同质化竞争激烈；综合交通枢纽衔接水平不高，一体化综合交通体系有待完善；协作机制尚不完善，资源共享存在障碍等问题和瓶颈。及时认识并加快破除这些瓶颈制约，才能更好地实现胶东经济圈一体化发展。

核心城市辐射带动能力不强，五市之间经济关联度弱。中心－外围理论、增长极理论、循环累积理论等区域经济非均衡发展理论明确阐述了区域发展演变的规律，即要围绕一个核心，借助核心城市的极核效应，带动周围地区梯度进步，推动地区的发展繁荣。极核效应的强弱与否，直接决定了经济圈未来发展的成败。早在 2018 年 7 月，中央巡视组在结束全国第一轮巡视整改后即指出："青岛市'头雁效应'不够强，'关键少数'没有充分发挥带头作用。"作为胶东五市经济总量最大的城市，青岛市 2020 年 GDP 为 1.24 万亿元，常住人口 1010.57 万人，面积 11282 万平方公里。而作为长三角中心的上海，2020 年 GDP 达到 3.9 万亿元，常住人口 2487 万人，而面积仅有 6340 万平方公里，与周边城市分工合作、进行产业转移的内驱力大。另外，从中心城市与周边城市的经济总量看，2020 年胶东五市中烟台市 GDP7816.42 亿元、潍坊市 5872.17 亿元、威海市 3017.79 亿元、日照市 2006.43 亿元，而同年上海市周边的苏州市 GDP 达到 20170.5 亿元、无锡市达到 12370.48 亿元、宁波市达到 12408.66 亿元、南通市达到 10036.31 亿元，长三角城市之间经济发展梯度明显大于胶东经济圈，更有利于各城市间的协作。

胶东五市产业结构趋同，同质化竞争激烈。当前，胶东五市以独立发展为主，各市产业发展仍拘泥于对地方经济的贡献上，缺乏立足产业链和地区

整体发展的视角，进而导致内部过度竞争、低水平重复建设、资源利用率低下等问题的产生，严重制约了整个经济圈产业竞争力的提高。胶东五市之间产业横向错位发展、纵向分工协作的格局尚未形成，在汽车、机械装备、石化、电子信息、食品加工、纺织服装、海洋产业、旅游服务业等主导产业方面高度重合，在高端发展平台谋划方面竞争大于合作，难以发挥城市群"1+1＞2"的整体经济效益。以旅游业为例，五市均为沿海城市，但旅游资源人为分割，旅游业中"行政区经济"色彩浓厚，旅游产品趋于同质，互补性差，分工协作、联动发展的难度较大，未能发挥整体开发的最优效果。

综合交通枢纽衔接水平不高，一体化综合交通体系有待完善。胶东半岛五市港口吞吐能力世界领先，但发展协同不够。旅客吞吐量 1000 万人次以上的机场，京津冀有 3 个，长三角有 5 个，珠三角有 3 个，而胶东五市仅青岛机场吞吐量达 2500 万人次，区域航空规模偏小，缺少国际性枢纽机场。铁路密度较大，但速度标准低。胶东经济圈拥有济青、青荣、青盐等 22 条铁路线，通车总里程约 2500 多公里，而长三角铁路营业里程达 11632 公里，其中高铁里程 4997 公里。缺少高标准沿海高铁通道，城际铁路发展相对缓慢，五市之间客运缺乏快速连接通道。公路网密度与长三角城市群相当，但远低于粤港澳大湾区，六车道及以上公路比例小，技术标准不高。同时，综合交通枢纽衔接水平不高，一体化换乘能力需要加强。

统筹协调机制有待健全。行政体制的分割，形成了本区域利益优先的现实局面，仅靠现有的区域协调联动机制还无法打破各自为政的发展格局。在协调层面，胶东经济圈缺少高层次的统筹协调机制，五市规划难以有效对接。在落实层面，与长三角经济圈相比，胶东经济圈尚未细化形成一批促进重大项目协调推进、招商引资协同开展、合作项目成本共担利益共享的精准化政策。行政壁垒和利益藩篱的存在，将严重阻滞胶东一体化发展，成为胶东经济圈实现高质量发展的最大制约因素。

第三节

▲

胶东经济圈区域空间结构演变

区域空间结构动态演变研究，对优化区域整体功能结构、促进区域一体化协调发展和充分发挥区域空间功能效应具有重要意义。通过对胶东经济圈地表覆盖数据和夜间灯光数据的动态演变情况进行分析，直观展示近年来胶东经济圈区域空间结构演变过程。

一、基于地表覆盖数据的演变分析

城市地表覆盖变化是城市扩展作用下最直接的表现形式。通过分析2000—2020年地表覆盖变化，胶东经济圈内城市扩张明显。主要表现在人造地表的增加和耕地量的减少。其中，2020年耕地面积比2000年减少了3893.86平方公里，人造地表2020年比2000年增加了4211.15平方公里（表4-2）。

2000—2020年胶东经济圈地表覆盖变化一览表（平方公里） 表4-2

地类	2000年	2010年	2020年
耕地	40588.15	39395.59	36694.29
人造地表	4365.92	5638.81	8577.07
草地	1505.18	2417.09	2618.6
湿地	222.52	124.95	215.07
水体	1783.6	2283.45	1630.09
裸地	20.47	21.64	42.74
海域	245.77	231.59	141.21

二、基于夜间灯光数据的演变分析

通过对夜间灯光数据二值化处理，2013 年灯光集中区面积 7065.21 平方公里，2015 年灯光集中区面积 7757.50 平方公里，2017 年灯光集中区面积 8545.02 平方公里，2020 年灯光集中区面积 10023.76 平方公里（图 4-3）。灯光集中区面积的不断扩大，表明胶东经济圈经济社会发展水平的不断提高。

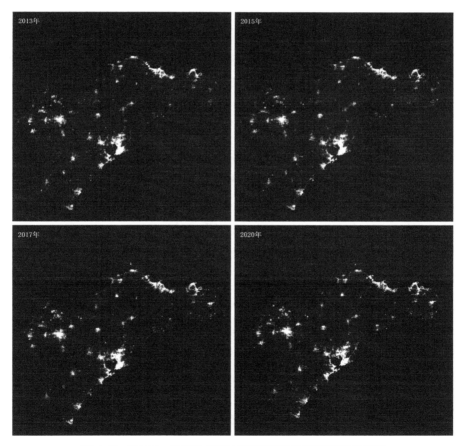

图 4-3 2013—2020 年胶东经济圈夜间灯光演变示意图

第四节

▲

胶东经济圈一体化发展的机遇、挑战与重大意义

当前，胶东经济圈一体化发展面临的外部环境较为复杂，机遇和挑战并存。从全球、全国、全省及胶东经济圈内部的地域空间尺度，分析当前面临的机遇挑战，并总结新时代推进胶东经济圈一体化发展的重大意义。

一、重要机遇

当今世界正经历百年未有之大变局，新一轮科技革命和产业变革深入发展，国际力量对比深刻调整，和平与发展仍然是时代主题，全球治理体系和国际秩序变革加速推进，为我国提升竞争优势和发展位势提供了重大契机，为胶东经济圈一体化发展提供了良好的外部环境。

我国经济已转向高质量发展阶段，制度优势显著，治理效能提升，经济长期向好，科技创新催生新发展动能，社会生产力水平持续跃升，人民对美好生活的向往呈现多样化、多层次、多方面的特点，以国内大循环为主体、国内国际双循环相互促进的新发展格局正在形成。

山东省开启新时代现代化强省建设新征程，各种积极因素加速集聚，共建"一带一路"、黄河流域生态保护和高质量发展、新旧动能转换等国家战略深入实施，为加快胶东经济圈一体化高质量发展注入新的强大动力。党中央、国务院赋予山东和胶东经济圈经略海洋、军民融合、动能转换、乡村振兴、开放合作等历史使命，赋予胶东经济圈建设上合组织地方经贸合作示范

区、山东自贸试验区等高能级开放平台，为胶东经济圈一体化发展带来新机遇。

二、主要挑战

从全球看，新型冠状病毒肺炎（后简称新冠肺炎）疫情影响广泛、深远，世界经济陷入低迷期，经济全球化遭遇逆流，国际上保护主义、单边主义上升，经济增长不稳定性、不确定性明显增加，胶东经济圈一体化发展面临更加复杂多变的国际环境。

从全国看，我国经济正处在转变发展方式、优化经济结构、转换增长动力的攻关期，区域发展不平衡、不充分问题依然突出，南北分化成为区域协调发展新挑战；创新能力不适应高质量发展要求，农业基础还不稳固，城乡区域发展和收入分配差距较大，生态环保任重道远，民生保障存在短板，社会治理还有弱项；阻碍经济社会高质量发展的行政壁垒仍未完全打破，跨区域共建共享共保共治机制尚不健全，统一开放的市场体系尚未形成；全面深化改革还没有形成系统集成效应，与国际通行规则相衔接的制度体系尚未建立。

从全省看，三大经济圈产业发展尚未协同，分工合理、配套协作的产业格局尚未完全建立，产业同构、同质化现象突出，差异化、高端化发展任重道远。传统产业"量大势弱"的趋势尚未得到根本性转变，新旧动能转换任务仍然艰巨。资源环境约束趋紧，水资源严重不足，节能减排压力大。

从胶东经济圈看，中心城市辐射带动能力有待提高，科技创新策源、高端产业引领功能不强，综合经济竞争力有所下降，集聚资源的压力较大，营商环境有待进一步优化。海洋开发这篇大文章有待做深做大，海洋资源、科技、人才、港口等综合优势尚未充分转化为海洋经济发展优势。科技创新支撑高质量发展能力不足，民生领域短板弱项亟须补齐，重点领域和关键环节改革需要持续深化。面对南北分化、省会城市崛起和大都市圈主导城市竞争力格局的新形势，面对城市间要素竞争更趋激烈的新态势，面对市场化、法治化、国际化的发展方向，胶东经济圈一体化发展面临新的挑战。

三、新时代胶东经济圈一体化发展的重大意义

推进胶东经济圈一体化发展，是把握新发展阶段、贯彻新发展理念、融入新发展格局的重大战略举措。有利于向海图强，做优做强做大"海"的文章，努力在发展海洋经济上走在前列，加快建设世界一流的海洋港口、完善的现代海洋产业体系、绿色可持续的海洋生态环境，为海洋强国建设作出积极贡献。有利于发挥青岛中心城市带动作用，增强全域统筹、融合发展能力，在山东半岛城市群高质量发展中当好先锋，引领全省创新发展、持续发展、领先发展，在开创新时代现代化强省建设新局面过程中发挥更大作用。有利于充分发挥区域内各地区的比较优势，提升区域经济综合实力，促进南北区域协调发展，服务带动黄河流域生态保护和高质量发展，在融入和服务新发展格局中共同打造中国经济新的增长极。有利于深入实施区域协调发展战略，探索区域一体化发展新模式、新路径，为区域一体化发展树标杆、作示范。

第五节
▲
胶东经济圈一体化发展的总体思路

推动胶东经济圈一体化发展，应科学把握新发展阶段，坚定贯彻新发展理念，主动融入新发展格局，统筹发展和安全，以推动高质量发展为主题，以深化供给侧结构性改革为主线，以改革创新为根本动力，以满足人民日益

增长的美好生活需要为根本目的，坚持统筹谋划、上下联动，坚持经略海洋、向海图强，坚持对标先进、彰显特色，坚持生态优先、绿色共保，坚持改革引领、开放共赢，坚持改善民生、共享发展，牢牢把握"在发展海洋经济上走在前列"的目标定位，打造国际海洋创新发展高地、国际海洋航运贸易金融中心、新经济发展先行区、高水平改革开放引领区、海洋生态文明示范区，构建优势互补、一体化高质量发展的区域发展格局。

一、关于胶东经济圈目标定位的研究

着眼全国区域发展格局，发挥胶东经济圈海洋科创领先、智能制造发达、开放程度较高等特色优势，努力打造国际海洋创新发展高地、国际海洋航运贸易金融中心、新经济发展先行区、高水平改革开放引领区、海洋生态文明示范区五大发展定位。

发挥海洋科创领先优势，打造国际海洋创新发展高地。深入实施科教兴海战略，打造海洋科技创新中心、海洋教育核心区，集聚全球高端海洋科教要素资源，支持青岛建设全球海洋中心城市，努力在经略海洋中走在前列，在海洋强国建设中发挥示范引领作用。

发挥深水港湾众多优势，打造国际海洋航运贸易金融中心。推进港口岸线资源统一规划，突出特色、高效开发，提升现代港口功能，加快建设世界一流港口。大力发展大宗商品交易、船舶交易、航运保险等高端航运服务，推动从装卸港向枢纽港、贸易港、金融港升级，增强海洋航运、贸易、金融全球影响力和竞争力。

发挥智能制造发达优势，打造新经济发展先行区。以"四新"经济为引领，构建以新动能为主导的现代产业体系，提高产业链、供应链、创新链竞争力，打造全国新科技与新产业引领区、世界领先的现代海洋和装备制造产业集聚区，为促进南北经济协调发展作表率、作贡献。

发挥开放程度较高优势，打造高水平改革开放引领区。持续推进一体化发展体制机制改革，创新区域间、城市间合作方式，构建要素有序流动的一体化发展大市场，全方位、宽领域、多层次、高水平参与国际合作，打造深化改革试验区和对外开放桥头堡。

发挥生态本底优良优势，打造海洋生态文明示范区。坚持开发和保护并重、污染防治和生态修复并举，巩固生态基底，建设"山海湾岛林田河"生命共同体，维护黄渤海生态平衡和生态安全，率先将生态优势转化为经济社会发展优势。

二、关于胶东经济圈空间格局的探讨

空间格局决定发展格局。"十四五"时期，胶东经济圈能否实现区域协调、城乡协调，解决好发展不平衡、不充分问题，实现区域的高质量、一体化发展，从某种角度讲，就在于构建什么样的区域发展格局，也在于能否形成区域发展新格局。因此，应着力发挥青岛辐射带动作用，烟台、潍坊、威海、日照各扬所长，统筹大中小城市和小城镇协调发展，促进陆海联动、城乡融合，构建优势互补、一体化高质量发展的区域发展格局。

（一）构建陆海统筹布局

科学布局人口、土地、资金等各类要素资源，培育壮大湾区经济，统筹陆海空间开发，构建"中心引领、轴带展开、湾区带动、多点支撑"的发展格局（图4-4）。

依托青岛中心城市，突出中心引领。支持青岛强化开放门户枢纽、全球资源配置、科技创新策源、高端产业引领功能，聚力更高水平"搞活一座城"，加快建设全球海洋中心城市，基本建成开放、现代、活力、时尚的国际大都市。发挥青岛海洋经济领先、智能制造发达、金融服务集聚、开放程度较高等特色优势，建设国际知名的青岛都市圈，辐射带动区域一体化发展，引领胶东经济圈经济总量显著提升，努力成为中国经济新的增长极。

依托综合发展轴和滨海发展带，突出轴带展开。依托交通轴、海岸带，

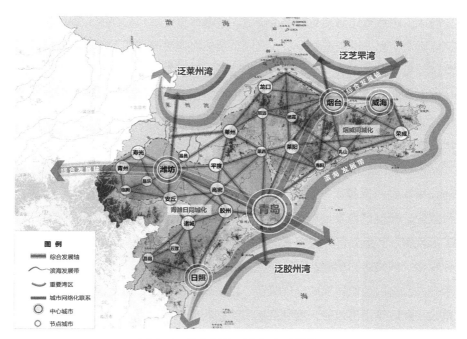

图 4-4　胶东经济圈空间布局结构图

发挥内接外联作用，打造区域内外联动综合发展廊道。①综合发展轴。强化交通轴辐射带动作用，以高铁、高速等通道为支撑，推进各类要素资源集聚，推动沿线城镇、各类园区融合联动，打造优势互补、协同互动的综合发展轴。②滨海发展带。强化海岸带承载联动功能，依托海岸带和滨海高铁、高速等运输通道，统筹岸线、海湾、海港、海岛保护利用，大力发展海洋经济，打造高端要素资源集聚、生产生活生态交融的沿海绿色发展带。

　　依托胶州湾、芝罘湾、莱州湾等湾区，突出湾区带动。依托胶州湾、芝罘湾、莱州湾，协同威海湾、海州湾、丁字湾、金山湾等，改善生态环境，提升城市品质，培育壮大湾区经济，打造现代化魅力湾区。①泛胶州湾区。重点布局重大海洋科技创新平台，协同发展先进制造业、海洋新兴产业、高端服务业，打造国际海洋科技创新中心、全球海洋高端产业集聚区。②泛芝罘湾区。重点布局海洋高端装备制造、金融商贸、现代海洋渔业等产业，打造环渤海南翼先进制造业中心、全国重要的海洋生态文明示范区。③泛莱州湾区。重点布局高端海洋化工、动力装备、现代农业等产业，高水平打造潍坊国家农业开放发展综合试验区，支持潍坊创建国家制造业高质量发展试验区。④其他湾区强化生态保护与城市建设协调发展，打造生态优美、风貌突出、绿色智慧的特色湾区。

依托新区、试验区、示范区、经开区、高新区、一体化先行区等平台载体，突出多点支撑。依托若干区域融合战略支点，集聚要素资源，放大平台效应，拓展区域发展空间，增强区域综合竞争力，实现区域高质量发展。①国家级、省级新区。发挥青岛西海岸新区和烟台省级新区的创新转化、产业承接、战略协同功能，强化错位发展、改革引领，带动提升区域发展整体水平。②新旧动能转换综合试验区、自贸试验区、上合示范区。放大国家级重大平台政策溢出效应，复制推广制度创新成果和试点经验，共享制度创新红利和优越营商环境。③国家级经济技术开发区、高新技术产业开发区。发挥8个国家级经济技术开发区和4个国家级高新技术产业开发区的联动效应，促进产业协同发展、科技协同创新。④一体化先行区。高标准建设莱西－莱阳一体化发展先行区、胶州－高密临空临港协作区、平度－莱州－昌邑绿色化工联动区、即墨－龙口产业高质量发展合作区，探索建立海阳－乳山新能源产业、牟平－威海火炬高技术产业开发区高科技产业、青岛西海岸新区－五莲临港产业、海阳－莱阳－即墨海洋产业等联动区，促进资源高效配置，系统集成制度创新，实现县域经济高质量发展。

（二）强化区域协同发展

推动烟台、潍坊、威海、日照发挥各自特色优势，加快青潍日同城化、烟威同城化。依托济青、鲁南通道，联动省会、鲁南经济圈，坚决破除经济圈之间、城市之间行政和市场壁垒，完善统筹有力、竞争有序、绿色协调、共享共赢的合作发展新机制。

突出烟潍威日优势特色。以青潍日、烟威同城化为突破口，促进青烟威海洋经济、青烟潍临空临港经济、青潍日循环经济产业协作带和交界地带融合发展。支持烟台提升新旧动能转换综合试验区核心城市功能，建设现代化国际滨海强市。支持潍坊打造全国农业开放发展高地和国际动力名城，建设现代化高品质城市。支持威海打造中日韩地方合作重要支点，建设宜居宜业宜游精致城市。支持日照打造先进钢铁制造基地、北方能源枢纽，建设现代生态活力港城。

联动省会经济圈。以"济南－淄博－潍坊－青岛－烟台－威海"为主轴，唱响济青"双城记"，共建济青科创制造大走廊，协同推进新旧动能转换取得突破、塑成优势，构建以"十强"产业为主体的特色优势产业集群，共同打造新旧动能转换最强引擎。支持潍坊寿光、东营广饶跨区域产业融合发展，共同打造绿色化工产业基地。

联动鲁南经济圈。强化青岛、日照作为鲁南经济圈出海口功能，依托鲁南高铁、瓦日铁路、新菏兖日铁路、日兰高速公路，构建多式联运集疏运体系，共建进出口商品集散中心。弘扬沂蒙精神，共同推进革命老区振兴发展。支持日照岚山、临沂莒南跨区域产业融合发展，共同打造沿海先进钢铁制造产业基地。

（三）促进城镇协调发展

合理确定城市规模和空间结构，引导产业和人口向城镇集聚，促进大中小城市和小城镇协调发展，提升城市发展包容性和综合承载力。

强化中心城市和节点城市功能。推动青岛中心城区功能升级，合理控制开发强度和人口密度，科学疏解一般性制造业、区域性物流等功能，促进城市发展由外延式扩张向内涵式提升转变。烟台、潍坊、威海、日照立足各自特色资源和产业基础，加快产业和人口集聚，完善配套设施建设，全面提升城市品质，形成承载力强、辐射带动广、协同发展有序的重要节点城市。

强化县城支撑能力。提升县城品质，优化空间布局，统筹人口密度、建成区面积、年均开发面积等，推进城市有机更新，补齐市政基础设施和公共服务短板，推进精细化管理，建设宜居宜业精致县城。大力发展县域经济，推进园区建设，鼓励各类企业与县（市、区）共建新型工业园。提升县城人口集聚水平，加快推动农业转移人口就地就近城镇化。

引导小城镇特色化发展。推进以县城为重要载体的新型城镇化建设。推进大城市周边镇、主要经济廊道沿线镇与中心城市统一规划、统一建设、统一管理。推进特大镇行政管理体制改革。推进美丽城镇建设，因地制宜发展小城镇，加快培育专业镇。以微型产业集聚区为空间单元，培育发展特色小镇。

（四）推进城乡融合发展

突出以工促农、以城带乡，重塑新型城乡关系，优化城乡资源要素配置，大力推动城乡融合发展，增强农业农村发展活力，全面推进乡村振兴和农业农村现代化。

高质量建设城乡融合发展试验区。推进国家城乡融合发展试验区青岛片区建设，在进城落户农民自愿有偿转让退出农村权益、农村集体经营性建设用地入市、搭建城中村改造合作平台、城乡产业协同发展、生态产品价值实现等方面先行先试，形成可复制可推广的典型经验。加快推进烟台、潍坊、威海、日照省级城乡融合发展试验区建设，以工促农、以城带乡，率先建立城乡融合发展体制机制和政策体系。

打造乡村振兴样板。全面实施乡村振兴战略，创新推广"诸城模式""潍坊模式""寿光模式"，培育胶东渔业、烟台苹果、寿光蔬菜、日照绿茶、文登西洋参等农产品品牌。开展新一轮农村人居环境整治提升行动，稳步推进美丽宜居乡村建设。加强历史文化名村、传统村落、传统民居和非物质文化遗产保护。推广"莱西会议"经验，落实五级书记抓乡村振兴责任，建立健全新型乡村治理体系。推广栖霞党支部领办合作社模式，带动农民共同致富。

推动城乡人口有序流动。健全农业转移人口市民化机制，促进农业转移人口在城市便捷落户，有序推动农业人口向县城、乡镇集聚。全面实施居住证制度，健全以居住证为载体的基本公共服务提供机制。维护进城落户农民的土地承包权、宅基地使用权、集体收益分配权。落实返乡入乡人员创业扶持政策，引导城市各类人才投身乡村建设。

促进城乡基本公共服务均等化。均衡配置城乡教育资源，实行义务教育学校教师"县管校聘"，建立城乡教育联合体，推动城乡校长、教师轮岗交流。完善乡村医疗卫生服务网络，加快基层医疗卫生机构标准化建设和服务能力提升，推进县域医共体建设，逐步实现城乡医疗卫生服务同质化。健全统筹城乡的社会保障体系，完善城乡居民基本养老保险待遇确定和基础养老金正常调整机制。

第五章

▲

胶东经济圈一体化
发展的重点任务

———— ▲ ————

　　胶东经济圈为做优做强做大"海"的文章、在山
东半岛城市群高质量发展中当好先锋、在黄河流域
生态保护和高质量发展中争当排头兵，瞄准关键领
域，聚焦十大任务，从经略海洋、协同创新、产业
合作、生态建设、公共服务等方面提出一体化发展
的行动指南。

———— ▼ ————

第一节

共创经略海洋新局面

2018 年 3 月 8 日，习近平总书记参加第十三届全国人大一次会议山东代表团审议时强调，要更加注重经略海洋，要求山东发挥自身优势，努力在发展海洋经济上走在前列，加快建设世界一流的海洋港口、完善的现代海洋产业体系、绿色可持续的海洋生态环境，为建设海洋强国作出山东贡献。这一年，被称为山东省海洋强省建设"元年"。《山东省"十四五"海洋经济发展规划》中提出坚持"创新驱动、市场导向、错位发展、优势互补"的原则，构建"一核引领、三极支撑、两带提升、全省协同"的发展布局，其中均点名提到胶东经济圈五市。2022 年 3 月，山东印发《海洋强省建设行动计划》，提出实施九大行动，加快海洋强省建设。这是继 2018 年山东出台《山东海洋强省建设行动方案》后，在海洋强省建设方面作出的又一重大决策部署，标志着新一轮海洋强省建设行动正式启动。胶东经济圈坚持经略海洋、向海图强，整合海洋要素资源，优化海洋空间布局，做优做强做大"海"的文章，共同保护海洋生态环境，为建设海洋强国、海洋强省作出胶东贡献。

一、建设世界一流的海洋港口

地处环渤海经济圈，海洋大省山东拥有 3000 多公里的海岸线，胶东经济圈陆地海岸线占全省的近 90%，全国的 1/7，沿岸分布海湾众多，优质沙滩资源居全国前列，拥有青岛、日照、烟台3个过4亿吨大港。海洋经济综合实力稳居全国前列。早在2018年山东省"两会"上，山东省就提出了"海洋强省"战略，酝酿整合沿海港口资源，谋划推进青岛港、渤海湾港、烟台港、日照港四大集团建设，适时组建山东港口投资控股集团公司。港口整合是沿海地区建设"海洋强省"、发展海洋经济的应有之义（图5-1）。

统筹谋划港口功能和布局。以青岛港为龙头，日照港、烟台港为两翼，威海港、潍坊港、东营港和滨州港为延展，众多内陆港为依托，加快形成布局合理、分工明确的世界一流港口群。支持港口企业与国内外知名航运企业合作，织密国际海运航线，提高海向通达度，打造辐射日韩、连接东南亚、面向印巴和中东、对接欧美，服务国内国际双循环的开放接口和航运枢纽。加大"公转铁"力度，建立海港与"齐鲁号"欧亚班列合作联动机制，规划建设陆海空一体化多式联运中心。加快建设中日韩海上运输黄金通道，提高中韩国际客货滚装班轮运输效能，推动开通中韩陆海联运整车运输，争取开通中日陆海联运。

共同提升港口发展能级。开通集装箱支线，打造胶东"海上巴士"。提升航运服务能力，拓展集装箱国际中转集拼、沿海捎带、日韩矿石混矿中转等业务。扩大港口辐射范围，加快在中西部地区和"一带一路"沿线国家建设陆港。集聚高端港航服务要素，拓展船舶保税加油、混油等新业态。加快推进青岛、烟台、威海、日照邮轮港建设，开拓国际国内海上旅游航线，合作推出胶东海岸邮轮旅游精品线路。

携手打造智慧绿色平安港口。开展交通强国智慧港口建设试点，深化5G、北斗、物联网等港口场景应用，推动港口数据共享、信息互通，实现港口间动态监测、有效监管、协同应急。优化陆海集疏运结构，共同推进"公转铁""公转水""散改集"。实施绿色港口行动计划，推动港口清洁能源利用，支持青岛港建设"中国氢港"。严格落实港口安全生产责任，统筹港口应急救援力量，健全港地联动快速反应机制。

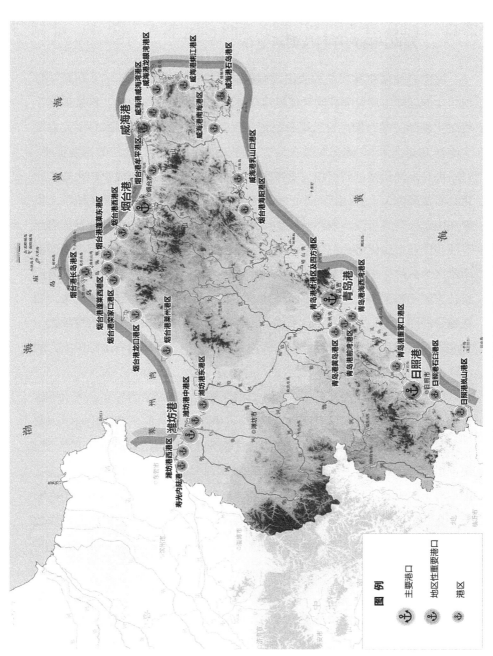

图 5-1　胶东经济圈主要港口布局示意图

二、建设国际海洋科技创新中心

海洋科技创新发展是加快建设海洋强国的重要战略举措。"十四五"时期是实施创新驱动发展战略和建设海洋强国的重要阶段，也是"科技兴海"战略实施的关键时期。习近平总书记多次强调，"建设海洋强国必须大力发展海洋高新技术"。海洋科技创新专项作为"科技兴海"战略的重要抓手，对于提升海洋科技创新引领与支撑能力，推动海洋科技创新成果转化与产业化具有重要意义。全国近一半的海洋科技人才、全国1/3的海洋领域院士集聚在山东胶东经济圈，海洋科技创新实力强劲。近年来，山东充分发挥海洋科技和产业资源优势，把创新驱动作为核心战略，以山东半岛国家自主创新示范区为载体，加快建立开放、协同、高效的现代海洋科技创新体系，海洋科技资源不断聚集，创新力不断提升。发挥海洋科技、人才和产业优势，加快整合海洋资源，强化海洋自主创新，瞄准世界科技前沿领域，培育壮大一批高水平海洋科技创新平台，抢占海洋科技制高点，形成具有国际影响力的海洋科技创新中心。

合力打造高能级海洋科创平台。以海洋强国战略需求为导向，高水平建设青岛海洋科学与技术试点国家实验室、中科院海洋大科学研究中心、国家深海基地、东方航天港、国家海洋综合试验场、海洋装备智能演进中心。加快推进海洋大数据中心、智慧海洋产业技术研究院、山东船舶技术研究院、山东海上航天装备技术创新中心、超高速高压水动力平台、冷冻电镜生物影像平台、海洋高端仪器设备研发等大型海洋科研平台建设。建设智慧海洋数据质控中心、深远海科考船队等大科学装置。支持"梦想号"大洋钻探船、海上火箭发射船建设。

联合突破海洋关键共性技术。加强海洋领域基础研究、技术创新，增强全球海洋科技创新竞争能力。大力发展极地科考、深远海探测、载人潜水器、天然气水合物成藏、深海空间站、海洋观测等海洋基础研究，在"透明海洋"蓝色生命""海底资源"等领域牵头实施国家重大科技工程，抢占全球海洋科技制高点。突破海洋创新药物、海洋监测仪器、深远海养殖等一批前沿交叉技术和关键共性技术，实施"蓝色药库"开发计划。创新国际交流合作机制，打造海洋科技创新"生态圈""朋友圈"。

联合推动海洋科技创新成果转化。依托海洋科技成果转化创新创业共同体，组织高校科研院所、企业开展精准对接交流，培育孵化新技术、新装备、新业态。加快建设济青烟国家科技成果转移转化示范区，联合打造海洋科技产业集聚区。探索国有科研院所海洋科技成果混合所有制改革。瞄准涉海高端产业和战略性新兴产业，联合建设一批海洋技术孵化基地、科技企业孵化器、众创空间、中试基地。

三、建设完善的现代海洋产业体系

现代海洋产业已列入山东省"十强产业"，《现代海洋产业 2022 年行动计划》提出了扩大海洋经济规模、完善现代海洋产业体系、建设世界一流港口三个主要工作目标。具体而言，海洋经济在国民经济中的地位和贡献不断巩固，发展速度稳中有进，海洋生产总值同比增长 6% 以上。海洋传统产业高端化、绿色化、智能化升级，海洋前沿和战略性新兴产业发展壮大。2022年海上风电并网规模达到 200 万千瓦，海水淡化日产规模超过 60 万吨，国家级海洋牧场示范区新创建 3 ~ 5 处。港口一体化发展深入推进，枢纽综合服务能力大幅提升，智慧绿色平安发展水平明显提高，港产城融合发展取得初步成效，港口货物吞吐量达到 18 亿吨。这些数字目标，既是 2022 年山东海洋强省建设的重要抓手，也是现代海洋产业发展的"风向标"。

培育壮大海洋新兴产业。推进第七代超深水钻井平台、深海空间站、核电装备、海上光电等关键装备研发生产，打造世界领先的海洋高端装备制造基地。推动试剂原料和中间体产业化，鼓励发展海洋生物医药、生物制品，共同打造海洋生物医药产业基地。加快研发防腐、高分子、碳纤维等海洋新材料，超前布局海洋矿物研发，共同打造海洋新材料产业集群。统筹海洋能源开发利用，科学布局海上风电、盐碱滩涂地光伏发电等可再生能源开发利用项目。突破海水淡化关键核心装备制造瓶颈，提升装备集成能力和制造水平，推进海水淡化规模化应用，推动海水淡化相关产业融合发展。以海洋特色产业园区为载体，搭建跨市产业合作平台，打通合作转移通道，合力共建海洋新兴产业园区。

提质增效海洋传统产业。开展养殖捕捞、水产苗种繁育领域深度合作，建设国家水产养殖绿色发展示范区、国家级海洋牧场示范区、黄海冷水团优质鱼类绿色养殖基地等，共建亚洲最大的"海上粮仓"。发展高附加值船舶制造，推进大型集装箱船、大型液化石油气船、高端远洋渔船等研发生产，建设国家先进船舶制造基地。延伸海洋化工产业链，推动石化盐化一体化，建设世界领先的绿色海洋化工产业基地。

加快发展现代海洋服务业。探索开展离岸金融、航运保险等金融业务，拓展涉海融资租赁品种和经营范围。共建智慧海洋大数据平台，开展环境监测、预报减灾等大数据产品研发。支持青岛打造国际邮轮母港，推进烟台、威海、日照开展邮轮无目的地公海旅游试点。联合推出滨海休闲度假、海洋民俗、沙滩运动、帆船体验、海洋垂钓等海洋体验旅游产品，共同打造国际滨海旅游度假目的地。

四、建设绿色可持续的海洋生态环境

海洋是生命的摇篮、重要的生态系统，人类生存的基础保障。海洋在为人类提供大量生存资源的同时，拥有巨大的生态服务功能。全球海洋每年吸收约 23% 人类排放的二氧化碳，通过海洋浮游植物的光合作用提供了地球上约 70% 的氧气，海洋表面的水蒸发为陆地生态系统提供了大量降水。海洋与陆地生态系统相互依赖，息息相关，形成了"从山顶到海洋"贯通一体的自然生命共同体。习近平总书记在福建宁德地区工作时就提出"山海田一起抓"，念好"山海经"，保护海洋生态环境，提高发展海洋经济的潜力，体现了海洋与陆地是有机整体、人与自然和谐共生的理念。

健全海洋生态保护体系。充分尊重海洋的自然规律及属性，以海洋资源环境承载能力为基础，控制海洋开发强度和规模，保护海洋生态空间。深入实施海洋主体功能区战略，严格落实《山东省海洋主体功能区规划》对沿海市、县的海洋主体功能定位，完善区域规划政策，规范海域开发时序和强度，推动形成经济社会发展与海洋资源、生态环境相适应的海洋开发空间格局。海洋生态环境问题表现在海里，根源在陆上。一方面，海洋生态环境治理迫切需要陆海统筹；另一方面，海洋生态环境质量水平也集中反映了陆海生态环境综合治理、系统治理、源头治理的整体成效。当前，我国近岸海域水质改善主要受制于陆源输入的过量氮磷等污染物。要从根本上解决问题，必须强化陆海统筹、河海联动，更加重视以海定陆，推动构建流域－沿海－海域一体化污染防治体系。

健全陆海污染防治体系。实施陆海污染一体化治理，推进陆上水域和近海海域环境共管共治，建立健全近岸海域水质目标考核制度和入海污染物总量控制制度。实施"流域－河口－海湾"污染防治联动机制。严格落实河长制、湖长制，开展陆域污染源治理，实施入海河流综合整治，清理非法或设置不合理的入海排污口，彻底消除黑臭水体入海。实施近岸海域养殖污染治理工程，清理沿海城市核心区海岸线向海1公里内筏式养殖设施。治理船舶污染，提升港口码头污染防治能力。研究实施"岛长制"，探索开展海洋定点封闭倾废试点。

健全海洋监测体系。加强海洋环境监测质量控制和信息产品开发，提高监测服务管理效能。加强胶东五市海洋预报减灾能力建设，建立完善风暴潮、海浪、海冰、海啸、溢油、绿潮、赤潮和海洋地质灾害等预报预警和防御决策系统，编制完善应急预案，提高应对各类灾害的能力。建立沿海重大工程建设的海洋灾害风险评价制度，科学划定海洋灾害重点防御区，定期开展环境风险隐患排查整治。

第二节

▲

共建东部沿海协同创新高地

深入实施科教强鲁、人才兴鲁战略，坚持创新在现代化建设全局中的核心地位，聚焦加快科技自立自强，推动科教产深度融合，完善科技创新体系，全面提升创新驱动发展水平。发挥山东半岛国家自主创新示范区引领作用，统筹布局重大创新平台，共同培育创新联合体，打造协同创新高地，为一体化高质量发展注入强劲原动力。

一、打造协同创新共同体

胶东经济圈人才及技术等创新要素高度聚集，拥有 49 所高等院校、48.6 万在校学生、11 家国家重点实验室，高新技术企业约占山东省的 50%，集聚国家高速列车技术创新中心、中国海工北方总部、国家浅海综合试验场、威海高性能医疗器械创新中心等重大科研机构平台。经济圈创新能力强，研发人员约占全省的 40%、研发经费支出约占全省的 42%，发明专利申请量约占全省的 51%。需要多地区、多主体、多路径协同，提高创新能力。

布局重大科创平台。联合争取国家布局建设协同创新中心、集成攻关大平台、前沿科学中心和国家重大科技基础设施。支持山东能源研究院、山东（烟台）中日产业技术研究院等新型研发机构发展，高标准建设国家高速列车技术创新中心、国家燃料电池技术创新中心、先进材料与绿色制造山东省实验室等产业技术创新平台，协同推动原始创新、技术创新和产业创新。共建科技资源共享服务平台，鼓励企业、高校科研院所开放共享科技创新平台、大型科研仪器设备和科研数据等创新资源。支持青岛创建综合性国家科学中心。

培育创新联合体。坚持"平台化聚合＋互联网化服务＋市场化运营"，依托半岛科创联盟，搭建供需对接平台，推进产业链、资金链、人才链、技术链深度融合。鼓励有条件的企业联合科研院所，组建行业研究院，提供公益性共性技术服务。鼓励依托产业集群创办混合所有制产业技术研究院，服务关键共性技术研发。强化企业创新主体地位，支持领军企业牵头组建创新联合体，推动产业链上中下游、大中小企业融通创新。支持青岛建设产业协同创新基地，合力引进高水平创新资源和功能机构。

共建协同创新服务体系。联合打造区域研发公共服务平台，提供技术研发、技术转移、成果转化、创业孵化等服务。探索建立区域创新收益共享机制，鼓励联合设立产业投资、创业投资、股权投资等引导基金。探索建立政府引导、中介服务、社会参与"三位一体"的公共服务模式，携手打造一批创新创业服务品牌。

二、营造协同创新环境

协同创新是科技创新的有效组织模式，通过推动创新主体间突破壁垒实现深度合作，有效集成创新资源和创新要素，显著提升创新驱动能力和效率。随着经济全球化和科学技术的迅猛发展，各类创新主体异常活跃，各种创新要素加速流动。只有大力推进协同创新，借梯登高、巧借外力，充分释放和有效集成人才、资本、信息、技术等创新资源和要素，才能加快提升科技创新整体效能，缩小发展差距，加快创新驱动发展，赢得未来发展的主动权。

共同引育培养创新人才。与国内外高校科研院所共建研究院、创新中心，高标准建设青岛国际院士港、半岛国际人才港，集聚海内外领军人才和创新团队。联合编制人才招引目录，健全直接引才和柔性引才相结合机制，广泛招引战略科技人才。围绕优势产业需求，支持高等院校跨区域联合培养人才。建立人才专家库和人才流动绿色通道，健全人才评价标准互认体系，推动人才自由有序流动。

深化科技体制机制改革。探索赋予科研人员职务科技成果所有权或长期使用权机制，形成可复制、可推广的经验做法，促进科技成果转移转化。改进科技项目组织管理方式，深化科技攻关"揭榜制"、首席专家"组阁制"、项目经费"包干制"，创新企业家、基金公司参与科技立项决策机制。建立风险补偿机制，推进创新技术、创新产品"首购首用"。

联合提升原始创新能力。发挥青岛区域创新高地作用，加强科技创新前沿布局和资源共享，营造良好创新生态。聚焦新一代信息技术、新材料等战略性新兴领域，集中布局建设重大科技基础设施、前沿交叉研究平台、高水平科研机构。制定胶东经济圈基础研究十年行动方案，大力建设战略性基础研究平台，优化布局省级基础学科研究中心。

联合研发关键共性技术。瞄准深地深海、医养健康、生物育种、人工智能、集成电路等前沿领域重大科技计划，联合申报国家科技重大专项、科技创新 2030 - 重大项目、自然科学基金等重大科技项目。聚焦高端装备、新材料、生物医药、新能源、现代种业等重点领域，联合编制关键核心技术攻关清单，集中突破一批"卡脖子"技术。

协同推进科技成果转化。加强原始成果创新转化，构建开放、协同、高效的共性技术研发平台，开展高端装备、生命健康、新能源等关键领域科技成果转移转化。建设中国 - 上海合作组织技术转移中心、烟台国际技术市场、威海中日和中韩技术转移中心，打造技术转移服务平台，实现成果转化项目资金共同投入、技术共同转化、利益共同分享。

第三节

▲

共塑产业高质量发展新优势

以"十强"产业为引领，加快新旧动能转换，巩固壮大实体经济根基，加快推进产业基础高级化、产业链现代化、产业品牌高端化，推动产业高效分工、错位发展、有序竞争，构建战略性新兴产业引领、先进制造业和现代服务业支撑的产业生态。

一、建设国际先进制造业基地

做强国际一流制造业集群。聚焦动力装备、轨道交通装备、工程机械装备等领域，加快建设青岛轨道交通关键装备产业园、中国北方风电母港、潍柴新百万台数字化动力产业基地、威海医疗器械和生物医药产业园等，打造世界级装备制造集群。以智能网联和新能源为主攻方向，加快建设青岛、烟台、潍坊、日照新能源汽车产业园，共建高水平汽车产业研发生产制造基地。推动炼化一体化产业发展，打造炼油－化工－化工新材料高端完整产业链，加快建设山东裕龙石化产业园、烟台万华新材料产业园，形成万亿级绿色化工产业基地。大力发展海洋特色创新药、生物技术药物等新医药产业，壮大高分子材料、高性能合金等新材料产业，超前布局核能、氢能、海洋能等新能源产业。

建设未来产业重要策源地。聚焦生命健康、量子信息、深海极地、空天信息、区块链等前沿领域，加强应用技术研究和技术转移转化，引导各类资本持续投入，组织实施未来产业孵化与加速计划。支持青岛建设未来产业先导区和未来产业研究院，搭建基础研究平台，引进核心技术和人才团队。建设山东测绘地理信息产业基地、烟台卫星互联网应用产业园等，丰富未来技术应用场景。

共建工业互联网一体化发展先行区。支持青岛争创工业互联网标识解析全球辅根节点、国家顶级节点，协同部署工业互联网标识解析二级节点。鼓励龙头企业建设国内知名的垂直行业细分领域产业互联网平台，共建工业互联网一体化公共服务平台。开展工业互联网企业网络安全分类分级管理试点，共建集约化网络安全运营服务中心，争创国家级工业信息安全创新中心。拓展"5G+工业互联网"应用场景，共建"工业互联网+智能制造"产业生态体系。

二、打造全国现代服务经济中心

加快制造服务业高质量发展。聚焦制造业模式创新，发展定制化服务、全生命周期管理、总集成总承包等服务型制造，培育一批整体解决方案供应商。引导制造业企业延伸服务链条，推进工业设计服务与研发设计、科技服务、商务咨询、检验检测等领域融合发展，培育制造服务业品牌。推进青岛、日照国家先进制造业与现代服务业融合发展试点建设。

推动服务业业态模式创新。推进生产性服务业向专业化和价值链高端延伸，加快生活性服务业向高品质和多样化升级。大力发展总部经济，推动驻鲁跨国公司及分支机构提升能级、拓展功能，支持青岛建设央企和跨国公司总部基地。做大做强平台经济，支持企业打造大宗商品服务、供应链服务、生活服务、专业服务等特色平台。培育壮大创意经济，推动数字技术和创意产业融合发展。

提升商贸物流发展水平。加强现代物流基础设施建设和衔接，完善多式联运物流服务网络，推动物流、制造、商贸等联动发展，打造多元化、国际化、智能化物流产业体系。大力发展航空物流产业，推进青岛胶东临空经济示范区物流基地建设。围绕优势产业和主导产品，差异化建设一批内外贸相结合的专业市场。

推进现代金融协同发展。支持开展合格境内投资企业（QDIE）和合格境内有限合伙人（QDLP）试点，打造青岛全球创投风投中心。提升青岛财富管理中心、烟台区域性基金管理中心功能，加快推进融资担保、不良资产处置、创业投资和私募股权投资等跨市合作。推进大宗商品交易等现代金融服务平台互联互通。依托"信用胶东"综合服务平台，推动信用融资产品和服务创新。支持青岛、威海全面深化数字人民币试点。

三、建设全国现代农业引领区

胶东五市是山东省乃至全国重要农产品生产基地，现代农业是胶东经济圈的重要产业构成，现代农业发展水平位居全省前列，开展农业一体化发展有着良好的基础和优势。当前，胶东经济圈存在农业发展不平衡、农业产业集聚效应不明显、农业协调联动性不足等问题。通过政府规划、市场引领与社会参与的协同合作，推进胶东经济圈现代农业一体化，是实现胶东经济圈一体化发展的有效路径。

实施现代种业提升工程。依托山东省花生研究所、山东苹果果业产业技术研究院、北京大学现代农业研究院等平台，联合开展种源技术攻关，培育一批高产、优质、专用品种。聚焦种植业、畜牧业、海洋渔业三大领域，加快建设青岛"国际种都"、烟台中国北方种业硅谷、潍坊国家级水产遗传育种中心、寿光国家级现代蔬菜种业创新创业基地、威海国家级海洋生物遗传育种中心、日照北方苗种繁育中心等。

大力发展现代高效农业。打造一批现代农业强镇和载体平台，推动形成优势特色产业集群，建设现代农业产业园，构建"领军企业＋产业集群＋特色园区"的现代高效农业发展模式。推进基因技术、物联网等涉农领域应用，大力发展农业生物制造、农业智能生产、智能农机装备等关键技术，共同打造智慧农业生态圈。

实施农业品牌提升行动。发展果蔬、水产品、药材等优势农产品，叫响青岛农品、烟台苹果、烟台葡萄·葡萄酒、莱阳梨、寿光蔬菜、潍县萝卜、胶东刺参、乳山牡蛎、日照绿茶、莒县丹参等知名区域公用品牌。用好全国蔬菜质量标准中心"金字招牌"，围绕优势产业、特色产业，创建省级现代农业产业园、省级农业产业强镇、省级乡土产业名品村。

四、构建数字经济新高地

当今世界，数字经济潮流奔涌，发展速度之快、辐射范围之广、影响程度之深前所未有，正推动生产方式、生活方式和治理方式深刻变革。数字经济发展潜力巨大、前景广阔。2022年3月山东省发布《山东省2022年数字经济"重点突破"行动方案》，将2022年确定为数字经济发展"重点突破"年，方案强调要打造工业互联网创新发展示范区，重点实施数字产业化引领行动、产业数字化提档行动、数据价值化升级行动、数字化治理提升行动、数字新基建跃升行动、关键核心技术攻坚行动、数据安全体系筑盾行动七项行动，着力在新一代信息技术产业高质量发展、数据深度赋能实体经济、数据要素高效配置、数字经济环境优化、数字基础设施完善、数字技术科技创新、数字经济健康发展等七个方面取得重点突破。

推进数字产业化。强化人工智能产业共同体引领集聚效应，成立人工智能产业联盟，支持创建国家新一代人工智能创新发展试验区。发展核心电子器件、传感器、高端通用芯片和基础软件，推动物联网技术研发应用，加快建设青岛、烟台、潍坊等物联网产业基地。打造青岛、潍坊虚拟现实产业基地及威海全球激光打印机基地，构建烟台"8K+5G+人工智能物联网"全产品生态链。

推进产业数字化。加快数字赋能产业升级，建设人工智能应用与服务产业高地。支持企业"上云用数赋智",加快发展"信创""5G+"智慧产业。突破智能化生产线、工业机器人、视觉检测及智能化集成技术,推动制造业智能化转型。推进智慧赋能、跨界融合、线上线下互动、实体经济与虚拟经济互补发展。推动智慧城市建设与产业相结合,在惠民、兴业等领域开放智慧城市应用场景。

五、培育优良产业生态

引导产业错位协同发展。培育形成以青岛为龙头、湾区经济为带动、临港经济为支撑的产业空间布局。整合提升区域内优势产业,加快补齐关键短板,增强全产业链优势,形成特色鲜明、相对完整、安全可靠的区域产业链供应链体系。提升青岛产业创新发展能力,发挥烟台、潍坊等装备制造优势,高效配置区域产业资源,提高全产业链区域配套能力,形成研发在中心、制造在周边,链式配套、梯度布局的产业分工体系。推广使用海尔卡奥斯工业互联网平台、橙色云智能平台。

联合培育"领航型"企业。瞄准世界 500 强、中国企业 500 强和民营企业 500 强,引进世界一流综合性总部、功能性机构和创新型总部,培育一批世界级头部企业和新经济企业总部。发挥龙头企业"以大带小"作用,联合培育专精特新"小巨人"企业和制造业单项冠军企业。

创新产业合作模式。支持龙头企业跨市设立生产基地或产业园区,推进跨市产业协作带和毗邻区融合发展,推动各类开发区和产业集聚区政策叠加、服务体系共建。借助博鳌亚洲论坛全球健康论坛、跨国公司领导人青岛峰会、世界工业互联网大会、世界工业设计大会、中国(烟台)核能安全暨核电产业链高峰论坛、中国(寿光)国际蔬菜科技博览会等重大活动,搭建高水平产业对接交流平台。

第四节

▲

共绘碧海蓝天美丽新画卷

生态文明建设是关乎中华民族永续发展的根本大计。2007年，"生态文明"首次被写进了党的十七大工作报告。这是环境保护在国民经济建设中的地位发生历史性转变的一年。党的十八大提出了"美丽中国"，要求把生态文明建设放在突出地位，融入经济建设中，将"资源节约型、环境友好型社会建设取得重大进展"作为全面建成小康社会的五个目标之一。党的十九大提出，建设生态文明是中华民族永续发展的千年大计，把坚持人与自然和谐共生作为新时代坚持和发展中国特色社会主义基本方略的重要内容，把建设美丽中国作为全面建设社会主义现代化强国的重大目标，把生态文明建设和生态环境保护提升到前所未有的战略高度。坚持生态优先、绿色发展，协同推进"山海湾岛林田河"生命共同体保护修复，高效开展环境污染联防联控联治，持续打好蓝天、碧水、净土保卫战，紧紧围绕碳达峰、碳中和战略要求，探索生态友好型高质量发展新模式，打造天蓝、海碧、山青、岛丽、湾美的魅力胶东。

一、共筑生态安全屏障

共建生态网络。构建以山体、海岸为骨架，森林、河流、湖泊、湿地为主体的"一心一带一屏多廊道"生态安全格局。"一心"，以昆嵛山、牙山、艾山、大泽山等为主体的半岛丘陵绿心。"一带"，以莱州湾、芝罘湾、胶州湾等为主体的滨海生态保护带。"一屏"，以仰天山、沂山、五莲山、浮来山等为主体的半岛绿色生态屏障。"多廊道"，以弥河、潍河－付疃河、胶莱河、大沽河、五龙河－大沽夹河、母猪河等为主体的清水绿廊（图5-2）。

共促生态修复。推进昆嵛山、艾山、牙山、大泽山等跨区域大型山系破损山体修复与保护。联合开展莱州湾、芝罘湾、胶州湾河流入海口生态修复和滨海湿地保护修复，共同保护柽柳林。协同开展国土绿化行动，提高森林生态系统固碳能力。推进胶莱河、潍河－峡山水库－青峰岭水库、大沽河－产芝水库、清洋河－门楼水库、五龙河－沐浴水库、母猪河－米山水库流域水环境修复，打造水生态廊道样板。推进采金尾矿、采煤塌陷区、景观破坏区等整治修复。保护修复莱西姜山湿地等野生动植物栖息地，构筑生物多样性保护网络。联合开展互花米草等外来物种管控。

共抓生态管控。深入实施主体功能区战略，严格落实"三区三线"空间管控和用途管制，将"三线一单"作为区域资源开发、产业布局和结构调整、城镇建设、重大项目选址和审批的重要依据。探索开展生态产品价值实现机制试点。引导胶莱河、大沽河、黄垒河等跨区域河流开展横向生态补偿，建立成本共担、效益共享、合作共治的流域生态保护长效机制。健全水资源承载能力监测预警机制。

二、加强污染协同治理

强化大气污染防控。实施新一轮"四减四增"行动计划，调整优化产业结构、能源结构、运输结构，强化区域联防联控，持续打好蓝天保卫战。建立健全重污染天气应急信息共享机制，推动预报预警、应急响应联动。协同控制细颗粒污染物和臭氧浓度，协同治理氮氧化物和挥发性有机物。联合清理整治涉气"散乱污"企业，推进移动源污染治理。联合编制温室气体排放清单，强化温室气体排放管控。

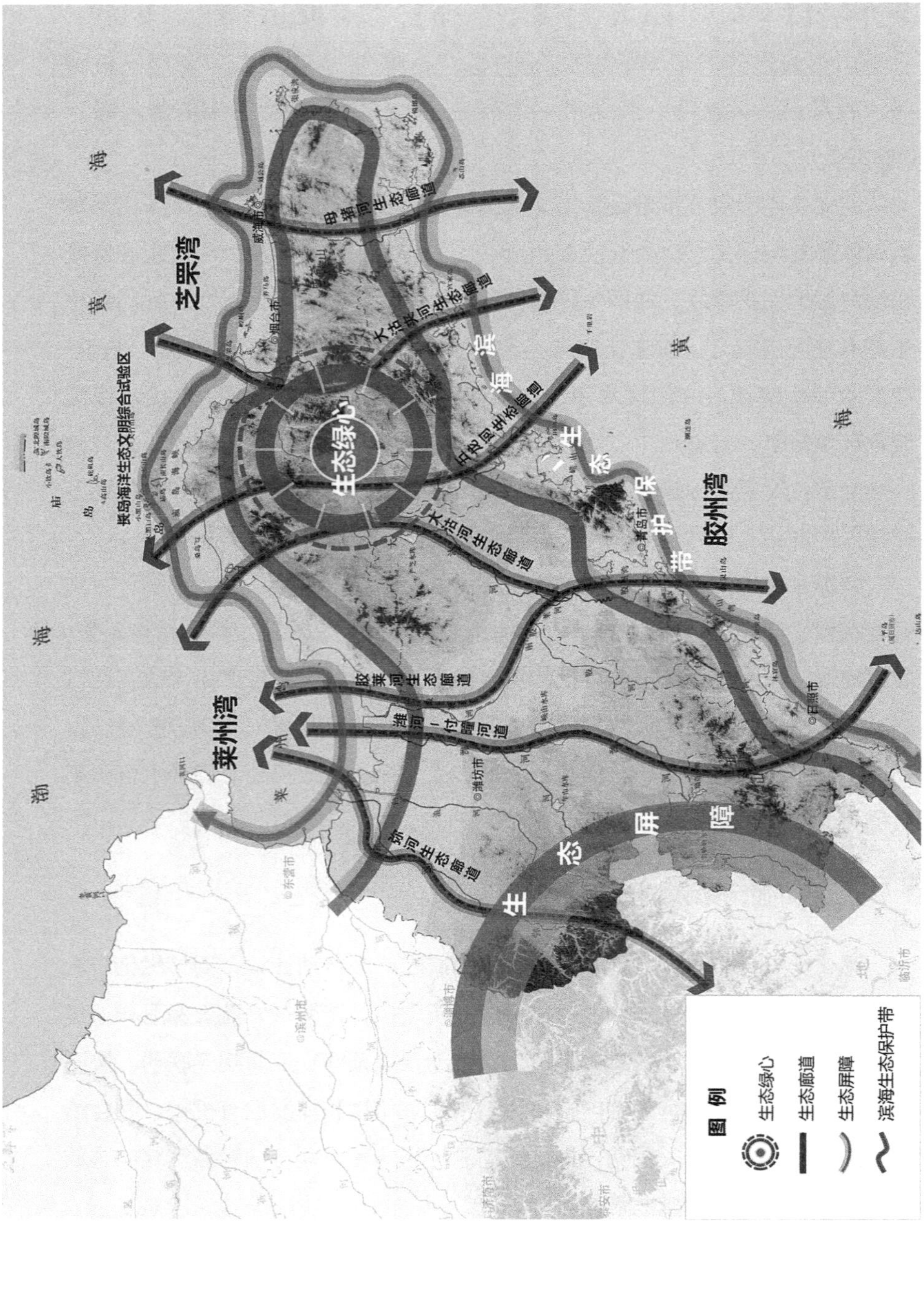

图 5-2 胶东经济圈生态安全格局示意图

推动水生态环境治理。加强南水北调东线工程沿线污染防治，实施潍河、胶莱河、大沽河等重点河流水系综合整治。开展重点污染源地下水环境状况调查评估，推进重点区域重点污染源地下水污染风险管控与修复，推进地下水超采、海水入侵等重点区域综合整治，完善饮用水水源地风险联合控制体系，加强饮用水水源地规范化建设，保障饮用水安全。联合开展阻击浒苔行动。

加强土壤污染及固废危废协同治理。健全土壤环境监测体系，强化农业面源污染综合防治，推广精准施肥和绿色防控技术，实现畜禽粪便、农作物秸秆等废弃物综合利用。统筹规划建设工业固体废物资源回收基地和危险废物资源处置中心，全面整治固体废弃物非法堆存。

推动跨区域环境协同监管。联合建立生态环境监测网络，实现环境质量、污染源、生态状况监测全覆盖。健全完善生态环境硬约束机制，实现"一张负面清单管胶东"。建立环境执法信息交流平台，追踪溯源边界地区突出环境问题，联合处置突发状况。严厉打击危险废弃物非法跨界转移、倾倒等违法行为。

开展环境影响评价。建立健全环境影响评价会商机制，综合考虑资源环境承载能力，科学合理布局各类重大项目。对环境产生一定程度不利影响的重大工程，严格遵循国家、省有关法律法规和政策要求，及时优化调整实施方式，制定相关治理方案，避免或最大程度降低不利影响。

三、推进绿色转型发展

推动形成绿色生产方式。联合实施绿色制造、节能降耗、循环发展行动计划。鼓励区域间能量梯级利用。积极发展环保装备、环保技术和环保服务业，打造一批骨干企业和园区。提高水资源集约安全利用水平，推进农业灌溉体系现代化改造，完善企业和区域再生水循环利用体系。建立统一的单位能耗产出效益综合评价机制，规范各类园区用地管理，支持土地复合利用、立体开发。

倡导绿色低碳生活方式。联合开展绿色低碳主题活动，共建绿色城市标准化技术支撑平台，推广装配式建筑、绿色建筑、绿色基础设施。共同扩大绿色产品供给，培育统一绿色消费市场，探索碳普惠机制。完善有色金属可再生资源利用和废旧汽车、废旧家电回收利用体系，推行生产企业"逆向回收"等模式，实现废物再利用区域全覆盖。强化垃圾分类处置和塑料污染全链条防治，倡导减量包装、可降解包装，实现全域"无废城市"。

推进绿色发展试点示范。建设生态文明示范区、"绿水青山就是金山银山"实践创新基地、环境保护模范城市。在环保产业、循环经济、生态补偿、绿色金融等领域先行先试，支持青岛设立中日节能环保创新研发中心、烟台创建碳达峰碳中和创新先行区、威海创建国家绿色金融改革创新试验区、日照开展生态环境与健康管理试点、青岛西海岸新区开展气候投融资试点、烟台海阳建立全国首个"零碳"供暖城市。

第五节

▲

共同服务构建新发展格局

构建以国内大循环为主体、国内国际双循环相互促进的新发展格局，是以习近平同志为核心的党中央根据我国新发展阶段、新历史任务、新环境条件作出的重大战略决策。加快构建新发展格局，对于我国完成第二个百年奋斗目标、实现中华民族伟大复兴具有重要意义。

胶东经济圈地处我国对日韩开放的最前沿，既是承接中国南北、辐射东西的重要战略要地，也是东向日韩、西向"一带一路"沿线国家的新亚欧大陆桥的重要节点，在国内大循环和国内国际双循环中都具有独特的"双节点"价值。胶东经济圈肩负着打造山东省高质量发展强劲引擎的重任，有必要切实把握区域发展战略机遇，以谋划自身发展的双循环路径为核心，与国家新的发展局面形成共鸣，在有效推进胶东五市一体化发展进程，逐步打造中国第四经济增长极的同时，实现山东半岛城市群全球影响力的提升。

为更好地服务和融入新发展格局，胶东经济圈应立足国内大市场，融入全球经济体系，以一体化发展激发五市经济增长新动力，以高质量供给创造市场新需求，打通生产、分配、流通、消费循环堵点，推动胶东经济圈在新发展格局中率先突破、走在前列。

一、主动融入国内大循环

胶东经济圈联动省会经济圈和鲁南经济圈，共同构筑起山东省内循环，打造全省高质量发展强劲引擎，并与黄河流域生态保护和高质量发展、京津冀协同发展、长三角一体化建设、粤港澳大湾区等国家战略形成共鸣，融入国内大循环，在逐步打造中国城市群新增长极的同时，带动山东半岛城市群全球影响力的提升。

促进供需高效适配。开展品牌联合建设行动，精准实施产品提质工程、进口替代工程，提高胶东产品国内市场占有率。实施老字号振兴工程，争创地理标志证明商标、中国质量奖等，打响"好品山东·胶东智造"工业品牌。加强标准、计量、专利等体系和能力建设，支持企业参与国际标准、行业标准制定，建设国家级检测与评定中心、检验检测认证公共服务平台。

打造全国物流枢纽。高水平建设青岛、烟台、潍坊、日照国家物流枢纽，支持威海建设东北亚区域物流中心。以青岛国家骨干冷链物流基地为引领，联合打造辐射全国的冷链物流集散中心。完善仓储配送体系，建设智能云仓，鼓励共享共用仓储基础设施。支持民生领域商贸流通设施改造升级，加快培育具有国际竞争力的胶东现代流通企业联盟。支持五市物流、快递企业和应急物资制造企业深度合作，联合建立高效应急调运体系。

共促沿黄陆海协作。落实黄河流域九省（自治区）省会（首府）和胶东经济圈五市"9+5"东西互济陆海联动开放合作倡议，推动沿黄流域城市合作。加强与郑州、西安、成都等城市互动发展，打造联动黄河流域、服务北方、辐射亚太的进出口商品集散地。创新东西产业对接合作机制，发展"飞地经济"，推动沿黄流域上中下游产业深度融合。发挥陆海港口合作联盟作用，依托山东港口群延伸港口服务功能，建设郑州、西安、洛阳、银川、兰州、西宁等内陆港。健全黄河流域海关协作机制。加强与郑州、太原、西安、兰州等国家物流枢纽城市合作，共建沿黄物流大通道和一体化市场体系。强化与沿黄城市文化、教育、体育、旅游等领域深度合作，支持潍坊建设黄河流域高素质技术技能人才实训基地。

发挥连接南北节点价值。对接京津冀，主动承接产业转移及北京非首都功能疏解，积极服务雄安新区建设，深化教育和人才合作，鼓励与京津地区高校科研院所、大型企业合作建设科技孵化基地和特色创新园区。对接长三角，深化航运贸易、现代金融、高端制造、科技人才等领域合作，协同建设日照－临沂－连云港现代物流协调发展试验区。探索与粤港澳大湾区合作共赢，深化产业、技术、人才、资本、市场等交流合作，协同开展青深企业"双湾计划"等活动。

二、积极对接国内国际双循环

在现有国际大循环基础上，配合强化国内大循环主体地位的趋势，优化提升国际大循环，并逐步形成国内国际双循环相互促进的格局，是构建新发展格局的重要任务。国内大循环和国际大循环的关系是双向的，不仅国际大循环的优化提升会对国内大循环产生促进作用，国内大循环的优化升级也将有利于国际大循环的发展。胶东经济圈应通过推动对外贸易创新发展、内外贸融通发展、开展国际双向投资等途径，积极对接和融入国内国际双循环。

推动对外贸易创新发展。加快推进青岛、烟台、潍坊、威海国家跨境电子商务综合试验区建设，支持日照创建国家跨境电子商务综合试验区。深化青岛、威海国家服务贸易创新发展试点。放大青岛即墨国际商贸城、烟台三站批发市场等市场采购贸易试点政策效应，支持符合条件的外贸产业集群申建国家外贸转型升级基地。扩大"鲁贸贷""企财保"规模，加大出口信用保险对企业支持力度。

推进内外贸融通发展。促进内外贸质量标准、认证认可相衔接，实施内外销产品"同线同标同质"工程，畅通企业出口转内销渠道。稳步发展新型商业模式，高水平建设青岛西海岸新区国家级进口贸易促进创新示范区，支持烟台创建国家级进口贸易促进创新示范区。推动国际空港、海港、邮轮母港增设免税店，引导境外消费回流。

开展国际双向投资。推行市场化、专业化、社会化招商，高水平建设国际招商产业园，精准引进世界 500 强和行业领军企业，培育形成国际一流的高端产业集聚区。采取"区中园""园中园"等模式，支持各类开发区建设一批国际合作产业园区。深化国际产业链、供应链合作，支持有实力的企业牵头建设境外经贸合作园区，推动产能、装备、技术、品牌、标准、服务"走出去"。搭建咨询服务、投资促进等载体平台，健全企业"走出去"预警与风险防范机制。

三、全面激发内需潜力

持续扩大内需是构建新发展格局的重要任务。短期而言，只有不断扩大内需，才能保证克服新冠肺炎疫情对需求增长造成的不利影响，拉动经济尽快回归中高速发展轨道；长期而言，内需的扩大要解决需求的内部结构问题，从需求的角度促进供给和需求在健康、可持续的状态下达到动态均衡。

推动消费扩容提质。支持青岛建设国际消费中心城市，烟台、潍坊、威海、日照打造区域性消费中心城市，建设具有胶东特色的全国重要消费目的地。推动线上线下消费有机融合，构建"智能+"消费生态，创新发展新零售。积极发展游艇、民用飞行器、房车、康养等高端消费，支持举办国际顶级帆船、赛车、马拉松、电竞动漫等赛事，加快青岛、日照国家体育消费试点城市建设，扩大中高端消费市场规模。加快培育首店经济、直播经济等消费新增长点，构建山海旅游、休闲民宿、健康养生、创意农业、户外体验等新场景新地标。

扩大精准有效投资。聚焦创新驱动、数字引领、消费升级、城市更新、乡村建设、民生保障、生态文明等重点领域，启动促进生产消费双升级、国内国际双循环的统领性工程，充分发挥投资对优化供给结构的关键作用。用好用活山东半岛城市群基础设施投资基金，探索设立新兴产业投资基金，重点支持一批一体化发展重点项目。深化投资体制改革，完善承诺制，推进审批权限层级协同、审批事项归并整合。落实项目跟着规划走、要素跟着项目走机制，加强土地、能耗等要素统筹和精准对接。

第六节

▲

全面提升开放合作水平

开放是当代中国的鲜明标识。以党的十一届三中全会为标志，我国开启改革开放的历史进程。改革开放40多年来，我国从"引进来"到"走出去"，从加入世贸组织到共建"一带一路"，坚持打开国门搞建设，成功实现从封闭半封闭到全方位开放的伟大转折，在不断扩大开放的条件下我国经济得到持续快速发展。特别是党的十八大以来，我国坚持开放共赢，勇于变革创新，推出一系列扩大开放重大举措。实行高水平贸易和投资自由化、便利化政策，赋予自由贸易试验区更大改革自主权，加大西部开放力度，实现全方位、多层次、宽领域对外开放，加快形成陆海内外联动、东西双向开放新格局，为国民经济和社会发展取得历史性成就发挥了重要作用。

习近平总书记多次强调山东要打造对外开放新高地，山东迫切需要加快推进新一轮高水平对外开放，积极融入"一带一路"建设，形成全方位、宽领域、高层次的开放新格局，努力建成服务全国、面向世界的沿海开放新高地。胶东经济圈是山东对外开放的前沿阵地，是黄河流域最便捷的出海口，是东联日韩、西接亚欧国际物流大通道的东方桥头堡，更大范围、更宽领域、更深层次的对外开放是推动胶东经济圈实现更高质量发展的关键内容。过去胶东经济圈的发展是在开放条件下取得的，未来胶东经济圈实现高质量发展也必须在更加开放的条件下进行。胶东经济圈应依托自贸试验区、上合示范区等各类高能级开放平台，以"一带一路"建设为统领，以全面深化与日韩合作为重点，抢抓"区域全面经济伙伴关系协定"（RCEP）签署新机遇，协同推进国际合作，打造对外开放新高地，持续拓展对外开放的广度、深度和强度，加快形成国际合作和竞争新优势。

一、积极参与共建"一带一路"

"十四五"时期是推进"一带一路"建设高质量发展的关键时期，胶东经济圈应服从服务国家"一带一路"战略布局，提升对接"一带一路"的快速通达能力，培育贸易新增长点，推动形成普惠发展、共享发展的产业链、供应链、服务链、价值链，推动国际科技合作，提升海洋经济合作水平，与沿线国家广泛开展人文社会领域交流合作，深度融入"一带一路"建设。

拓展贸易合作空间。深入实施"境外百展"计划，举办好"走进东盟""走进中东欧""走进南亚"等品牌活动，深度拓展国际市场。支持中匈宝思德经贸合作区、海尔－鲁巴经济区等国家级境外经贸合作园区建设，培育家电、高端化工、轨道交通装备、海工装备等一批国际品牌。在中东欧、东盟等市场打造自主品牌展览会，在匈牙利、印尼等沿线国家区域中心城市加快建设产品展销中心。大力发展保税维修、离岸贸易、服务贸易，培育贸易竞争新优势。

提升产业投资效益。深化与沿线国家和地区国际产能合作，在工程承包、能源资源、海洋经济等领域，推动一批有影响力的标志性产能合作项目落地实施，构筑互利共赢的产业链、供应链合作体系。实施境外经贸合作区高质量发展行动计划，持续推进知名企业在沿线国家和地区的战略布局，探索与东道国共同投资、共同运营、共担风险、共享成果建设园区的合作机制。

密切人文交流。深化对外友好交往，扩大国际"朋友圈"，提高在沿线国家和地区的影响力。大力推动外向型文化产业转型升级，共同办好青岛国际海洋节、烟台国际葡萄酒博览会、潍坊国际风筝会、威海国际船艇房车暨钓具用品博览会等节会，加强多层次、多领域国际人文交流。鼓励高校科研院所与沿线国家和地区开展科研合作、学术交流，推进面向沿线国家和地区的教育培训基地建设。

二、打造中日韩地方经贸合作示范区

RCEP 的成功签署，为胶东经济圈深化与日韩开放合作提供了难得机遇，《山东省国民经济和社会发展第十四个五年规划和 2035 年远景目标纲要》中明确提出打造中日韩地方经贸合作示范区。胶东经济圈应紧紧抓住机遇，综合发挥与日韩地缘相近、文化相通、产业相融等优势，聚力突破日韩，健全与日韩地方政府及重点企业间合作机制，深化经济合作，举办日本、韩国、RCEP 区域进口博览会等系列活动，全力支持打造中日韩地方经贸合作示范区。

建设日韩投资重要目的地。聚焦高端装备、新一代信息技术、现代海洋等先进制造业和工业设计、金融服务、医养健康、影视动漫等现代服务业，吸引日韩重点企业布局高端产业链。支持设立中日韩共同投资基金，建立中日韩产业合作创新试验基地。鼓励日韩企业设立采购中心、营销中心、贸易型总部和物流型总部，建立集贸易、物流、结算等功能于一体的营运中心。加强"中日韩+X"市场合作，联合日韩企业、商会、金融机构等共同开拓国际重点市场。

探索中日韩地方合作新机制。加强面向日韩的高水平金融开放合作，探索开展跨境人民币贷款和发债、资本项目收入结汇支付便利化等业务。强化对日韩门户枢纽功能，建设东北亚寄递物流中心，增加中韩跨境电商快船航线，推动青岛－釜山，烟台－日照－平泽，烟台－威海－仁川口岸协作，加快推动中韩整车运输业务落地运营。加强中日韩海关间"经认证的经营者"（AEO）互认合作，构建通关、检验检疫、标准计量等合作机制。

共建中日韩高水平合作平台。高水平建设中日（青岛）地方发展合作示范区、中韩（威海）地方经济合作示范区、潍坊（诸城）中日韩地方经济合作示范区、中日韩（日照）国际产业园，推进中韩（烟台）产业园与韩国新万金产业园深化合作。推动中日韩三国政府达成的双多边重点合作项目加快落地，办好日韩进口商品博览会、中日韩产业博览会等重大经贸活动。

三、拓展全方位合作领域

胶东经济圈应充分发挥区位、产业、交通等综合优势，融入国际产业链、供应链、创新链，加快推动要素开放向制度开放全面拓展，建立与国际规则相衔接的开放型经济新体制，优化全方位开放布局，加快形成陆海内外联动、东西双向互济的开放新体系。

创新拓展与欧美国家合作。聚焦高端装备、数字经济、绿色低碳等重点领域，制定产业链、创新链招引目录，提升与德国、法国、意大利等欧盟国家合作水平，吸引金融保险、商业服务、文化影视等服务业领域投资，打造中欧投资合作高地。扩大与北欧国家在海工装备、生命医学、能源开发等领域合作。推动与美国地方和企业交流合作，拓展利益契合点和优势互补点。

积极对接区域全面经济伙伴关系。主动拓展与 RCEP 成员国地方经贸合作，在双边贸易、投资准入、知识产权、电子商务、经济技术合作等方面扩大开放，建设 RCEP 青岛经贸合作先行创新试验基地、烟台 RCEP 产业合作发展中心，打造面向日韩、东盟等地的合作先行区。推动与 RCEP 国家港口间紧密衔接，重点发展客货班轮集装箱陆海联运、汽车甩挂货物运输、汽车整车货物运输等多元化跨境物流。

支持企业开展国际化合作。支持企业设立境外生产加工基地，创建一批境外经贸合作园区。深化与境外商协会、驻华机构、金融保险机构等合作，举办投资说明会、项目推介会等活动。鼓励金融机构综合运用内保外贷、外保内贷等方式，为企业跨国经营提供综合金融服务。建立国际合作基金对接利用机制，指导企业用好中国 – 东盟投资合作基金、中非发展基金、丝路基金等融资平台，共同参与境外重大项目建设。

合力打造国际一流营商环境。全面对接国际高标准市场规则体系，落实外商投资准入前国民待遇加负面清单管理制度，完善外商投资促进、保护和服务体系，依法保护外资企业合法权益，提高贸易和投资自由化、便利化水平。进一步放宽金融、电信、教育、医疗、文化等领域市场准入，推动"非禁即入"普遍落实，探索市场准入承诺即入制，推行"跨国（境）审批"模式。落实外商投资安全审查、反垄断审查、技术安全清单管理等制度。建设更高水平的国际贸易"单一窗口"，促进商品、服务、要素跨境自由流动。建设国际仲裁服务平台，完善多元化商事纠纷解决机制，完善国际贸易摩擦预警机制和法律服务机制，健全促进和保障境外投资的政策和服务体系，坚定维护企业海外合法权益。

四、共建高能级开放载体

高水平开放必须打造高能级平台。2018 年 6 月 10 日，习近平主席在山东青岛出席上海合作组织成员国元首理事会第十八次会议时宣布，中国政府支持在青岛建设中国 – 上海合作组织地方经贸合作示范区。2019 年 8 月 26 日，《国务院关于印发 6 个新设自由贸易试验区总体方案的通知》印发实施，中国（山东）自由贸易试验区正式设立，涵盖济南、青岛、烟台三个片区。依托自贸试验区、上合示范区及其他各类开放合作平台，胶东经济圈加快推进高水平对外开放。

高水平建设中国（山东）自由贸易试验区。推动青岛、烟台片区特色化定位、差异化发展，青岛片区重点发展现代海洋、国际贸易、航运物流、现代金融、先进制造等产业，烟台片区重点发展高端装备制造、新材料、新一代信息技术、节能环保、生物医药和生产性服务业。支持潍坊、威海、日照建设自贸试验区联动创新区。全面落实外商投资准入前国民待遇加负面清单管理制度。支持开展金融服务创新、跨境电商进出口等业务，强化适应跨境贸易特点的海关、退税、跨境支付等政策支撑，持续推进贸易投资自由化、便利化。

高质量建设中国 – 上海合作组织地方经贸合作示范区。坚持物流先导、贸易拓展、产能合作、跨境发展、双园互动，搭建面向上合组织与"一带一路"沿线国家的物流、贸易、投资、文旅合作平台，高水平举办上合组织国家投资贸易博览会。依托国家物流枢纽，建设链接上合组织国家与东北亚经济圈的核心商贸物流运转基地。开放发展油气全产业链，创新原油非国有贸易进口、特色农产品和食品准入等贸易机制，发展进口和转口贸易。

高标准建设各类开放合作平台。加快建设胶州"一带一路"综合试验区、青岛胶东临空经济示范区,复制推广中国(山东)自由贸易试验区青岛片区、烟台片区改革试点经验。加快建设青岛中德生态园、烟台中德新材料产业园等国际合作特色园区。推动口岸和海关特殊监管区域建设,建立完善口岸联络协调机制,加强口岸跨市协作,推动胶东经济圈通关一体化、便利化。扩大提升跨国公司领导人青岛峰会、东亚海洋合作平台青岛论坛等的国际影响力,吸引跨国公司举办商务会议,打造具有国际影响力的开放品牌。

第七节

▲

强化基础设施互联互通

基础设施是经济社会发展的重要支撑。习近平总书记始终强调要加快完善基础设施网络,通过推动基础设施均衡发展落实区域协调发展,保障不同地区发展机会。2022 年 4 月,习近平总书记主持召开中央财经委员会第十一次会议时强调,要统筹发展和安全,优化基础设施布局、结构、功能和发展模式,构建现代化基础设施体系。基础设施完善程度关系到人员、货物、资本、信息等要素资源的流通效率和集聚方向,对于区域经济发展具有明显的"乘数效应",在拉动内需、促进民生、支撑产业等方面具有显著效果。

胶东经济圈应不断深化基础设施一体化进程,统筹推进交通、能源、水利等传统基础设施及新型基础设施建设,提升内部联通水平,畅通对外联系通道,构建互联互通、安全高效、管理协同、绿色智能的基础设施网络,夯实一体化发展支撑保障。

一、构筑综合立体交通运输网

千古百业兴，先行在交通。相较于协同性、网络化、高质量发展的要求，胶东经济圈交通一体化仍存在诸多短板。多向位、大能力对外运输通道尚未建立，缺少通往京津冀、长三角城市群的高速铁路通道；五市交通互联互通水平不高，高速公路网密度与长三角、珠三角、京津冀等沿海地区相比差距明显，轨道交通发展缺乏统筹、建设分散，零距离换乘和一体化运营还有很大差距；机场协同发展水平较低，互补性有待进一步提高，总体运输规模偏小，枢纽定位偏低，同质性、竞争性较强。因此，统筹谋划五市交通运输体系，推进交通网络化发展，加快构建综合立体交通运输网是支撑经济圈高效发展的重要基础。

构建外联内畅的综合运输通道。①完善国际综合运输大通道。依托世界级港口群和机场群，打造欧亚大通道国际多式联运枢纽。完善国际班列网络，提高运行频次和质量，加快发展海铁、空铁多式联运。全力支持建好上合示范区，打造上合组织内陆国家面向亚太市场的"出海口"，推进中韩、中日运输通道建设，构建"东接日韩亚太、西联中亚欧洲、南通南亚东盟、北达蒙古俄罗斯"的国际运输大通道。对接国家综合运输大通道。对接国家纵向综合运输通道（沿海运输通道、烟台潍坊至重庆运输通道）和横向综合运输通道（青岛至拉萨运输通道），积极争取国家推进渤海海峡跨海通道规划论证工作。依托处于通道交汇节点的国际性海港、空港优势，加强与京津冀、长三角、粤港澳、沿黄流域、东北三省的联系连接。②完善胶东五市综合运输通道。以铁路和高速公路为主，以普通国省道为辅，形成承载能力充分、资源配置优化、互联互通的综合运输通道总体布局，为胶东五市一体化发展提供快速客运和大能力货运走廊。

打造"轨道上的胶东圈"。构建快速客运铁路网，加快潍烟高铁、莱荣高铁和京沪高铁辅助通道等项目建设，力争规划建设青岛经平度至莱州、日照至京沪高铁辅助通道项目，研究论证即墨至海阳、胶州至高密、青岛至日照等市域铁路。完善铁路货运网络，加快大莱龙铁路改造工程、桃威铁路改造工程、坪岚铁路扩能改造工程建设，推进岚山港区铁路建设，完善潍坊港、威海港、日照港、董家口港区、芝罘港区、莱州港区等疏港铁路。

织密四通八达公路网。推进济南至潍坊、潍坊至青岛公路及连接线、牟平至莱州、明村至董家口、潍坊港疏港高速、岚山港区疏港高速等高速公路规划建设，开展烟台经莱阳莱西至青岛、莱州经平度至即墨高速公路前期研究。高标准拓宽区域内的沈海高速、青兰高速、日兰高速、荣乌高速。全面开展"断头路""瓶颈路"打通、低等级路段升级和城镇过境路段改线工程，提升普通国省道路通行能力。畅通沿海景观旅游通道（图5-3）。

培育现代化机场群。支持胶东国际机场打造国际枢纽机场、烟台机场打造面向东北亚的区域枢纽机场。加快烟台机场改扩建和潍坊、威海机场迁建工程。统筹航线网络布局，持续加大日韩航线航班密度，加密空中洲际直航航线，提升全球快速通达能力，打造区域航空快件集散枢纽。加快推进通用机场建设，共同构建应急救援、工农林作业、航空制造、飞行培训、旅游观光等通用航线网络。

提升客货运输服务能力。加强客运枢纽与城市公共交通衔接，推动客运枢纽一体化建设和运营管理。统筹规划建设货运枢纽和物流园区，整合毗邻区域物流枢纽，打造多式联运综合物流枢纽，推进货运方式无缝衔接。大力建设铁路专用线，打通铁路运输"最后一公里"。推进城际客运公交化运营，推广"一票式"联程和"一卡通"服务。

二、强化能源协同保障

构建绿色低碳、安全高效的能源基础设施是实现碳达峰、碳中和目标的关键路径。目前，胶东经济圈内存在能源消费偏煤、能源效率偏低、油气供应风险偏高和可再生能源制造能力偏弱等问题，能源体系急需绿色低碳转型

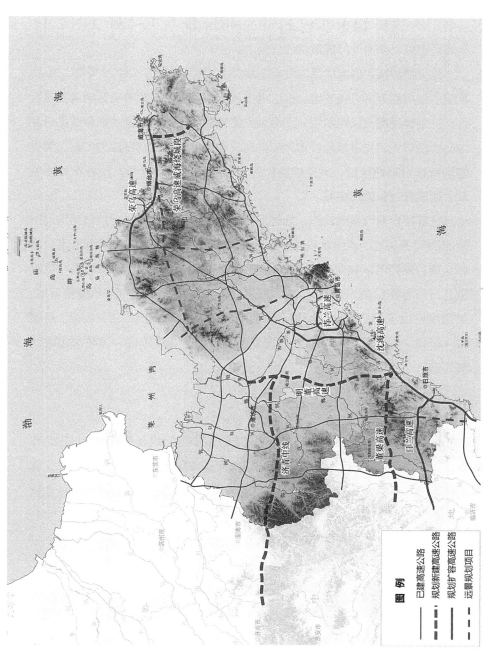

图 5-3 胶东经济圈高速公路交通规划示意图

发展。实现高质量能源革命的重点是加强顶层设计和系统谋划，积极发展非化石能源以及全力保障能源供应安全。

建设清洁高效能源体系。发展新能源和可再生能源，推广太阳能、生物质能、地热能等供热或发电。推广海上风电与可再生能源制氢等融合发展模式，规划建设海上风电基地、滨海风光储智慧能源基地。推动烟台核电研发中心、清华大学先进核能技术科研基地规划建设，稳步有序推进海阳、荣成等沿海核电基地建设，鼓励核能供暖工程向周边城市延伸。统筹布局加氢站、输氢管道和储运中心。

统筹建设油气基础设施。推进沿海大型油气码头建设，支持日照建设国家原油储备基地、潍坊滨海建设国家原油储备中心，加快青岛港董家口港区、烟台港西港区和龙口港区 LNG 接收储运基地建设，推动潍坊港、威海港、日照港等 LNG 接收储运基地建设，支持烟台建设天然气产供储销基地。加快建设山东天然气环网干线、日照 - 濮阳 - 洛阳、董家口 - 东营、董家口 - 沂水 - 淄博、烟台港原油管道复线、青岛港黄岛港区 - 潍坊滨海等油气管道。

三、提高水安全保障能力

水是万物之母、生存之本、文明之源。胶东五市均属严重缺水城市，水资源短缺、时空分布不均，经济社会可持续高质量发展受到较大制约。以水资源共建共享共治和水利基础设施互联互通为突破口，加快推进经济圈水资源综合开发、优化配置、高效利用和有效保护。保障胶东经济圈五市人口、资源、环境、生态和经济协调发展，实现最佳的经济、社会和生态效益，推动胶东经济圈一体化发展迈出坚实步伐。

优化水资源配置体系。研究推进跨区域重大蓄水、引水、提水、调水工程建设。按照国家部署，推进南水北调后续工程规划建设。加快烟台老岚水库工程建设，论证实施青岛官路、威海长会口等大型水库工程。建设一批河道拦蓄和抗旱应急水源工程。

增强海水淡化及供给能力。开展海水淡化专用材料及装备的协同攻关和产业化，推动海水淡化与综合利用全产业链协同发展。将海水淡化水纳入沿海地区水资源统一配置体系，支持有条件的城市把淡化海水作为生活用水补充水源，严重缺水城市把淡化海水作为市政新增供水及应急备用的重要水源，推进海水淡化与综合利用在高耗水行业和工业园区的规模化应用。创建全国海水淡化与综合利用示范区。

共筑防洪减灾安全体系。实施重点河流防洪治理工程，开展病险水库、水闸除险加固，构建完善以水库、河道、湖泊和蓄滞洪区为架构的高标准防洪减灾工程体系。加快海堤工程建设，完善沿海地区防洪防潮减灾工程体系。建设数字水利设施，完善现代化水文站网体系，提升水情测报和智能调度能力。

四、打造"数字胶东"

新型基础设施建设是数字经济深化发展的基础要素。目前，经济圈内部存在数字基础设施共建共享力度较弱、数据要素整合共用不充分、一体化载体建设力度不强等问题。瞄准发展过程中的痛点，以协同建设高速泛在、天地一体、云网融合、智能敏捷、绿色低碳、安全可控的智能化综合性数字信息基础设施为抓手，共同打造"数字胶东"。

统筹新型基础设施建设。协同布局 5G 基站，推进 5G 网络在重点场所、重点行业全覆盖，逐步提高用户普及率。推进骨干网、核心网、城域网等关键基础设施 IPv6 升级改造，推动国际通信业务出入口局落户青岛。建设青岛国际海底光缆登陆站，推进中美跨太平洋高速光缆系统建设和扩容。支持青岛建设海洋大数据中心、烟台建设东方航天港卫星数据应用中心，推动青岛国家 E 级超算中心融入国家分布式超算互联网系统，打造低时延数据中心核心区。

共建高效协同数字政府。依托省一体化大数据平台，推进公共数据开放共享，强化社会管理领域协同预测预警和公共服务领域数据综合分析应用。探索建立统一标准、开放互通的政务信息系统，提升城市管理、应急管理、公共安全、市场监管、生态保护等领域协同治理能力。提高数字化政务服务效能，实现更多场景"智能办"。

共建惠民便民数字社会。加强智慧城市合作，开展新型智慧城市建设试点，建立统一标准，开放数据端口，建设互联互通的公共应用平台，大力发展"智慧+"交通、能源、市政、社区、旅游等。围绕就业、教育、医疗、社保、文体、养老等领域，建设一站式公共服务平台。

第八节

推动公共服务共建共享

让人民生活幸福是"国之大者"。党的十八大以来，以习近平同志为核心的党中央不断顺应人民群众的愿望和期待，大力推动基本公共服务资源持续向基层延伸、向农村覆盖、向边远地区和生活困难群众倾斜。时至今日，胶东地区的公共服务设施条件明显改善，城乡之间制度性差异明显减少，人民群众的获得感成色更足、幸福感更可持续、安全感更有保障。但我国社会主要矛盾已发生关系全局的历史性变化，人民对美好生活的要求不断提高，胶东经济圈五市统一、高效衔接的公共服务制度尚不完善，均等化、普惠化、便捷化的公共服务还需进一步深化。

为更好满足人民对美好生活的向往，胶东经济圈不断扩大优质公共服务供给，发展更有温度的民生事业，提高基本公共服务质量和水平，让一体化发展成果更多更公平惠及人民群众。

一、推进公共服务标准化、便利化

无规不成圆，无矩不成方。公共服务标准化是政府提升公共服务供给质量的必由之路，应以标准化手段优化资源配置、规范服务流程、提升服务质量、明确权责关系、创新治理方式。公共服务便利化是建设人民满意的服务型政府、推进国家治理体系和治理能力现代化的内在要求。目前，胶东经济圈存在公共服务标准不统一、线上线下服务不协同、数据共享不充分等不同程度的问题。

建立标准化公共服务体系。依托青岛市城阳区、日照市东港区、长岛海洋生态文明综合试验区等国家基本公共服务标准化试点，创新跨区域服务机制，推动区域基本公共服务标准化、均等化、普惠化、便利化。联合制定基本公共服务标准，建立标准动态调整机制，合理增加保障项目，稳妥提高保障标准。创新政府公共服务投入机制，鼓励社会力量参与公共服务供给。

提升公共服务便利化水平。升级"胶东通办"服务水平，实现线上"一地认证、全网通办"、线下"收受分离、异地可办"，提升区域帮办代办的规范化和协同性。优化升级社保卡"一卡通"信息化服务平台，探索提升社保卡"一卡通"服务管理模式。加强异地居住退休人员养老保险信息交换，加快实现社会保险关系无障碍转移接续。推进异地就医门诊直接结算，实现社保卡就医购药"一卡通"。支持胶东经济圈公共就业与人才服务联盟、人事考试联盟建设，整合信息平台，推广电子劳动合同，促进人力资源充分交流融合。深化住房公积金转移接续和互认互贷。

二、共享高品质教育医养资源

教育是民生之基，医疗是民生之需。习近平总书记在参加全国政协十三届四次会议医药卫生界、教育界委员联组会时强调，要把保障人民健康放在优先发展的战略位置，着力构建优质均衡的基本公共教育服务体系。目前，胶东经济圈内部仍存在区域间、城乡间公共服务供给数量、质量、效率和布局不均衡等问题。

加大优质教育供给。依托优质中小学校资源，鼓励学校跨区域牵手帮扶，深化校长和教师交流合作机制。依托省职业教育创新发展示范区，搭建职业教育一体化协同发展平台，实施职业教育产教融合工程，推进职业教育集团化办学。推动大学大院大所全面合作、协同创新、学分互认、跨校选课，联手打造具有国际影响力的一流大学和一流学科。支持高校开展国际合作，联合引进世界知名高校、职业教育机构等，建设高水平国际合作学院。

推进医疗资源共享。实施新一轮区域医疗能力"攀登计划"，创建国家区域医疗中心。加快优质医疗资源扩容和区域均衡布局，推进康复大学、青岛大学附属日照医院等建设，支持医联体建设和跨区办医。依托半岛中医联盟，加快推进中医药一体化发展，联合建设区域中医诊疗中心，打造齐鲁中医药优势专科集群。发展在线医疗，建立区域专科联盟和远程医疗合作体系，推动病历和医学检验检查结果跨地区、跨机构互通互认，实现会诊、联网挂号等远程医疗服务。建立健全突发公共卫生事件医疗救治体系和重点传染病联防联控机制，建设重大疫情救治基地、公共卫生临床中心。完善应急物资保障体系建设，加强公共卫生应急物资储备，共同提升应急物资生产动员和调运保障能力。

完善康养服务体系。开展普惠养老城企联动专项行动，鼓励养老设施跨区域共建。制定区域产业资本和品牌机构进入养老市场指引，支持民营养老机构品牌化、连锁化发展。完善康养服务全链条，打造"颐享胶东"康养品牌。探索实施互助养老，推动养老服务"时间银行"实现通存通兑。推动人口信息互联互通，建立人口发展检测分析系统，开展积极应对人口老龄化的综合创新试点。实施全民健身计划，加强全民健身场地设施建设，建立更高水平的全民健身公共服务体系。共同发展体育事业，深化体育人才联合培养、赛事活动联办、场馆资源共享、竞技项目交流等合作。

三、共塑胶东文化旅游品牌

文化是民族的血脉和人民的精神家园。胶东五市地缘相接、人缘相亲、文化相通，最为突出的是海洋文化。青岛的"红瓦绿树，碧海蓝天"，烟台的"仙境蓬莱，梦幻海岛"，潍坊的"诗画山水，人文风情"，威海的"滨海公路，幸福港湾"，日照的"阳光海岸，日出先照"，共同构成了以海洋文化为特色、有着3000多公里海岸线的胶东滨海文旅带。在区域层面，有待进一步整合文旅资源，推进文旅信息资源共享、促进公共文化服务资源共享，推出更多文旅惠民活动。

共筑文化发展高地。加强文化政策互惠共享，推动文化资源优化配置，全面提升区域文化创造力、竞争力、影响力。实施海洋文化提升工程，挖掘仙海文化、航海文化、海防文化、渔业文化等传统海洋文化价值，做好沿海海防设施、近海水下文化遗产、日照沿海龙山文化遗址群等保护与展示，持续举办"国际海洋节""国际海岸生活节"等系列节会活动，打造海洋文化国际交流平台。传承弘扬红色文化，实施革命文物保护利用工程，共同打造胶东红色文化教育基地。推进东夷文化、齐文化等保护传承，加强文保单位、历史建筑、非物质文化遗产等保护合作交流，促进历史文化名城名镇名村保护与合理利用，持续推进国家级齐鲁文化（潍坊）生态保护区建设。整合文化资源，联合制作一批具有胶东特色的优秀文化产品。鼓励博物馆、图书馆、美术馆、文化馆等建立合作联盟，实现公共文化服务一网通、公共文化联展一站通。创新公共文化服务一体化运行机制，鼓励社会力量参与公共文化服务供给和设施建设。

共建国际滨海旅游目的地。整合优质旅游资源，创新"旅游＋文化""旅游＋康养""旅游＋体育"等特色旅游模式，设计推出"东方海岸线""海上游胶东""胶东健康游"等一批精品旅游线路，提升"一程多站式"旅游体验。拓展海洋旅游功能，用好山、海、湾、滩、岛等滨海旅游资源，发展邮轮游艇、海岛度假等海上旅游新业态，共同打造滨海休闲度假黄金旅游带。联合推出一批体现胶东特色的文化创意产品和旅游商品。大力发展康养旅游，培育打造生态养生、滨海度假等康养旅游产品，打响"世界健康养生圣地"品牌。共同举办半岛城市帆船拉力赛、新能源汽车拉力赛等赛事活动，拓展马拉松、自行车赛等群众参与面广、旅游拉动力强的赛事旅游。实施文化旅游协调发展战略，构建合作机制完善、要素流动高效、发展活力强劲、辐射作用显著的区域文化旅游发展共同体。

四、共建安全有序社会环境

安全是发展的前提，发展是安全的保障。胶东五市城市安全保障体系较为完善，综合防灾减灾救灾能力较强，粮食、能源等重点领域可有效防范抵御风险，重要产业、基础设施、战略资源、重大科技等关键领域安全可控。然而，跨区域综合防灾、应急管理和社会信用体系尚未打通，基础信息、数据库建设、设施布局有待进一步共享和优化。

共同打造"平安胶东"。统筹布局自然灾害监测设施，健全重大灾害事故联防联控机制，协同建立自然灾害综合风险和综合减灾能力数据库。建立紧急救援联动机制，协同建设全省海洋灾害应急救援中心，打造"一小时应急救援圈"。完善特种设备安全事故应急救援体系，提升突发事件应急处置能力。建立健全安全生产责任体系和联动长效机制，有效防范和坚决遏制重特大安全生产事故发生。

共同打造"信用胶东"。聚焦公共服务、城市管理、全域旅游、生态环保、食品药品安全、安全生产等领域，推动信用信息基础目录、联合奖惩措施清单等标准统一，深化信用信息共享、联合奖惩互动、信用激励互认、信用机构共育共管等领域合作，形成"一市失信、五市受限"的联动机制。

第九节

高水平建设一体化发展战略支点

　　作为国民经济的基本单元，县域经济是区域协调发展的重要战略支点。县域强则胶东强，县域经济是胶东经济圈一体化发展的优势和潜力所在。胶东五市坐拥全国百强县 9 个，占全省近七成；全国百强区 6 个，占全省六成；"千亿区县" 10 个，占全省三分之二。2021 年，山东省新增 4 个 GDP 突破千亿元的县（市、区），分别为芝罘区、市北区、荣成市、崂山区，全部来自胶东经济圈。强势的县域经济为胶东经济圈一体化发展提供了坚实支撑。

　　以"县域一体化"作为突破口，胶东经济圈选择 8 个合作区开展先行先试。在具备基础优势的区域，先行设立一体化发展先行区、临空临港协作区、绿色化工联动区、产业高质量发展合作区，推动制度创新，开展先行先试，实现共商共建共管共享共赢，为一体化发展探索路径和提供示范。

一、建设莱西 – 莱阳一体化发展先行区

　　青岛莱西市、烟台莱阳市位于胶东经济圈中心区域，地理空间相接，产业发展相融，人缘文化相亲，具备良好的一体化发展基础。规划建设先行区，是推动胶东经济圈一体化发展的先手棋和突破口，在"不破行政隶属、打破行政边界"的前提下，加速两市资源共享、优势互补、协作联动，打造胶东经济圈中部崛起、融合发展的新支点。2022 年 1 月，经山东省政府同

意，山东省发改委印发《莱西莱阳一体化发展先行区建设实施方案》，标志着山东省首个区域一体化发展先行区获批建设。

推进空间功能联动。依托 204 国道打造产业发展集聚带，引导新能源汽车、高端装备、现代物流等新兴产业沿线集聚。谋划产城融合与城乡融合两大联动区，探索区域功能分工、产业融合、城乡一体发展先行经验。构筑五龙河、大青山－旌旗山、大沽河生态廊道，保育河流水系、森林与湿地等生态资源。统筹规划建设莱西姜山、河头店与莱阳穴坊、谭格庄等现代化新型小城镇。

构建跨区域基础设施网络。实施 204 国道、308 国道等国省干道拓宽改线，推进莱西北京路、梅山路等道路东延。率先推动联动区电、暖、气管网衔接，加快实现分布式电源开发建设与用电产业项目就近入网。

引导产业发展分工协作。推进两地经济开发区整合升级，推动青岛国际汽车城、莱西石墨新材料集聚区、莱阳化工产业园等产业园区融合发展。合力打造智慧物流、文化旅游等现代服务业共同体。联合建设田园综合体、现代农业产业园等高效农业产业集聚区，共建国家级国际农产品加工产业园。

增强要素资源支撑能力。实施"才聚双莱"计划，建立人才评价互认机制。支持高等院校、职业学校创新联合办学。推进就业服务信息和社会保险参保信息互通共享。探索建立增减挂钩建设用地指标交易平台和集体经营性建设用地出让、租赁、入股等机制。支持政务数据资源共享共用。

创新一体化发展体制机制。统一编制先行区产业发展、科技创新、生态环保等专项规划，完善发展政策共商共定机制。建立重大项目联审联办机制，共同制定产业发展指导目录与项目准入清单。健全一体化市场运营与利益分配机制，统一建设运营管理联动区重点园区。探索建立自然资源有偿使用机制、生态保护补偿机制等，共建"绿水青山就是金山银山"实践创新基地。

二、建设胶州－高密临空临港协作区

随着胶东五市一体协同发展、特别是青潍一体化的步步深入，胶州、高密两市产业、企业和人文交流的日益加深，一体发展条件越来越成熟、愿望越来越强烈、方向越来越明确。2020 年 10 月 30 日，胶州、高密两市签署《推进城市全面合作，加快实现高质量一体化发展战略合作框架协议》，全面推进城市合作，加快实现高质量一体化发展。两市合作的领域很广，但最为重要的"切入点"是临空临港经济，随着胶东国际机场的建成运营，临空经济正加快布局，溢出效应将逐步显现，胶州－高密临空临港协作区就在这一背景下应运而生。

共建"两轴多园"发展格局。以大杨路与康成大街作为"两大联动轴"，加速高端制造业、现代服务业资源沿线集聚，推动沿线产业园区、企业联动发展，打造优势互补、协同互动的东西产业延绵带。做大做强临空经济示范区、胶州湾国际物流园、高密临港经济区等园区，壮大现代物流、电子信息、新材料、节能环保等新兴产业集群。

推动基础设施互联。探索设立一体化协同发展基金，投向一体化基础设施项目，以基础设施互联带动临空临港产业发展。加快推进 309 国道、219 省道、102 省道等连接两市的主要道路的改扩建。协同推进官路水库建设，共同制定完善节水标准定额体系。共建 5G 网络试点和规模组网。

推进产业协同共兴。发挥海陆空铁立体交通优势，推动两市运输领域互补互促，构建区域联动现代化物流体系。聚焦胶州机械装备、电子制造与高密精密制造、纺织服装等支柱产业，加强产业协同协作，构建跨区域特色优势产业链。放大胶州工业互联网、信息技术领先和高能级开放平台效应，发挥高密制造业企业生产能力和服务优势，共同培育制造业新生态。

突出开放合作共赢。依托胶东国际机场门户优势，带动高密保税物流中心（B 型）建设，拓展对外开放空间。共建企业登记"跨域通办"联动平台，实现"线上一网通办、线下异地可办"。鼓励引导企业入驻上合示范区，支持设立办事机构。放大胶州海关便利化优势，鼓励企业利用上合示范区青岛多式联运中心国际班列实现货物进出口。

强化人才资源支撑。共建两地人才引进信息网络、桑梓人才数据库等人才公共资源平台，共享专业化引才渠道。鼓励胶州优势产业高端人才项目、技术创新成果到高密落地转化。探索企业联合引进高层次人才合作机制，共同打造"人才飞地"产业园等科技人才创新服务平台。

三、建设平度－莱州－昌邑绿色化工联动区

青岛平度市与烟台莱州市、潍坊昌邑市毗邻，地理位置上呈现三角形布局，三市化工产业基础雄厚，存在紧密的上下游联系。平度新河化工产业园是青岛市仅有的两个省级化工园区之一，重点发展精细化工、海洋化工、化工新材料等；莱州银海省级化工产业园以发展海洋化工、有机化工新材料、无机化工新材料、高端专用化学品为主；昌邑市拥有下营、龙池两个省级化工产业园区，是山东省重要的石油化工和盐化工基地。三市化工产业基础好，存在天然的互补关系，协同发展空间潜力大。

建立产业联动机制。统一编制联动区总体发展规划，优化区域功能定位，梳理产业图谱，建设盐化工、精细化工、石油化工、医药化工等集聚区，承接裕龙岛炼化一体化配套项目。制定跨区域安全、环保交流合作机制，共引共享专家团队，联合开展跨区域环保、安全检查。制定突发事件应对机制，整合应急救援保障力量，开展跨区域事故响应联动机制建设，提升化工园区安全系数。探索危废跨区域运输和处理处置机制，强化全过程和全方位监管。

推进基础设施互联互通。完善跨区域交通网络，建设跨胶莱河、泽河大桥，打通园区间交通瓶颈，提升园区间通达能力。加快推进明村至董家口高速公路建设，实现董家口港区与莱州港区陆路快速连接。加快新河内陆港建

设，推动与青岛港、潍坊港、莱州港区联通。

构建产业协作体系。明确园区产业分工，提升发展能级，培育壮大优势产业，促进上下游产业链一体化发展。鼓励深挖化工产业细分领域潜力，提升行业技术密集度和产品附加值。共建共享生活服务、商务交流集聚区，增强生产性服务业和生活性服务业配套能力。

四、建设即墨－龙口产业高质量发展合作区

即墨、龙口为山东15个"千亿区县"之二，经济强劲、产业雄厚，具备良好的一体化发展基础。推动两地强强联合，共建跨区域产业高质量发展合作区，集聚资源要素，放大平台效应，拓展区域发展空间，发挥"1+1>2"的作用，对于打造胶东经济圈中部崛起、融合发展的战略支点具有重要意义。

协同推进优势产业合作。发挥两地汽车及汽车零部件产业基础雄厚、高分子材料技术领先的优势，重点在车身材料、制动总成等优质产品上开展合作，加快形成由零件到部件、由部件到总成的合作模式，实现产业链、供应链互补，打造具有全球竞争力的汽车产业集聚区。创新企业协作联动机制，探索搭建服务中小微企业的平台载体，推动两地民营企业协同发展。

共建工业互联网高地。以新型基础设施互联互通、平台资源合作互补共享等为重点，推动两地产业、科技、人才、数据等资源要素汇聚互补，组建工业互联网创新联盟，加快推进工业互联网技术标准化和应用，打造工业互联网生态体系。共建工业互联网公共服务平台，汇聚政府、企业、科研院所等各方资源，形成布局合理、高效协同的一体化服务能力。依托即墨工业互联网平台和华为（龙口）大数据产业园，共建工业互联网"数字底座"和安全体系。

推动科技创新平台共享。聚焦高效低排发动机、智能电子控制、智能网联等关键共性技术和前沿引领技术，开展跨区域、跨学科协作攻关，力争在

新能源汽车和特种车轻量化等方面取得创新性成果。推动省级以上重点实验室、工程研究中心等创新平台开放共享，打造全国一流的科研合作公共平台。优化创新资源配置，促进技术、资金、人才等资源要素和服务共享，共建科技创新服务综合体。

第十节

▲

创新一体化发展体制机制

实现一体化的体制机制创新是区域一体化的关键一环。胶东经济圈应以改革创新思维引领一体化发展，坚决破除制约一体化发展的行政壁垒和政策障碍，共建统一开放大市场，创新协商合作、政策协同、社会参与等体制机制，为高质量一体化发展提供强大内生动力。

一、建立运行有效的合作体系

自胶东经济圈一体化发展启动以来，胶东五市坚持顶格推进，加强对接合作，建立联席会议制度，借鉴长三角一体化发展机构设立模式，起草制定胶东经济圈一体化发展议事规则、机构设置方案，研究起草胶东经济圈一体化发展联席会议办公室设立方案，筹备组建联席会议办公室。在联席会议制度的带领下，胶东经济圈应建立健全政策制定、市场主体、绩效考核、项目管理、区域战略等各方面的协同和一体化发展体制机制。

健全政策制定协同机制。在省新旧动能转换综合试验区建设领导小组指导下，健全一体化议事协调机制和日常工作制度，确保制度统一、规则一致、执行同步。围绕土地管理、财税分享、投融资、环保、公共服务等领域，建立五市协商推进机制。实行重大行政决策联合听证、专家论证等制度，建立健全科学民主决策机制。

建立市场主体协同联动机制。深化国资国企改革，加强国资运营平台跨区域合作。鼓励民营经济跨区域并购重组和参与重大基础设施建设。鼓励行业组织、商会、产学研联盟开展多领域跨区域合作。

完善一体化的绩效考核和项目管理机制。按照责任清单，把一体化发展指标纳入绩效考核体系，进行综合考核。以环境准入清单、项目建设用地控制标准、规划建设导则等形式，统一项目准入管理，施行统一的环保排放、产出绩效、建设标准管理。推进行政审批制度改革，打通投资项目"一网通办"渠道，统一审批、统筹推进跨区域项目，优化营商环境。

加强财税金融支持。调整理顺政府间财税关系，构建促进一体化发展的地方政府间的财税协调机制。加强各级财政对关键性公益领域的投资力度，采取财政贴息、参股、担保等新的方式，引导社会资金合理投向一体化发展项目，使有限的资金发挥更大的作用。从利益共享、共同发展的理念出发，建立区域内地方政府间横向转移支付制度，通过区域内各地区间财政资金的转移支付，使区域经济一体化中承担合作成本的一方获得相应的利益补偿，缓解地区间利益矛盾，促进区域的和谐发展。加大绿色信贷、绿色债券的支持力度，促进胶东经济圈绿色转型和高质量发展。

建立成本共担利益共享机制。建立跨区域产业转移、重大基础设施建设、园区合作成本分担和利益共享机制。建立区域互利共赢的税收利益分享和征管协调机制，完善区域投资、税收等利益争端处理机制。探索建立重大经济指标协调划分机制。

加强不同区域战略间的协同。胶东经济圈一体化发展要服务和服从国家以及山东省的区域协调发展。按照山东省"一盘棋"的要求，实行集体作战、利益共享，推动山东省"三圈"一体化发展，实现共商共建共管共享共赢。

下大力气搞好省际区域协同，推动省际毗邻地区发展，健全对接京津冀、长江三角洲一体化等区域战略工作机制，注重推动流域上下游合作，推进黄河流域生态保护和高质量发展。

二、加快要素资源高效配置

2022 年 4 月 10 日，《中共中央 国务院关于加快建设全国统一大市场的意见》发布，指出建设全国统一大市场是构建新发展格局的基础支撑和内在要求，明确要加快建立全国统一的市场制度规则，打破地方保护和市场分割，打通制约经济循环的关键堵点，促进商品要素资源在更大范围内畅通流动。推进要素资源高效配置，是建设高标准市场体系和统一开放大市场的关键举措，应加快推动土地市场、人力资源市场、资本市场、技术市场、数据要素市场的一体化发展，逐步打破地域分割和行业垄断，清除市场壁垒，公平市场准入，营造规则统一开放、标准互认、要素自主有序流动的市场环境。

推动土地市场一体化。深化区域土地要素市场化配置改革，推动建立产权明晰、交易安全、监管有效的城乡统一建设用地交易市场。健全城乡建设用地增减挂钩政策，完善建设用地二级市场交易制度，建立不同产业用地类型合理转换机制，增加混合产业用地供给。完善建设用地、补充耕地指标跨区域交易机制。

畅通劳动力流动渠道。打破户籍、身份、人事关系等限制，实行职称、继续教育证书、外国人工作证等互认互准制度。推动人力资源、就业岗位信息共享和服务政策有机衔接、整合发布，联合开展就业洽谈会和专场招聘会。支持职业院校和规模以上企业联合办学，为企业订单式培养高级实用人才。加强面向高层次人才的协同管理，探索建立人才柔性流动机制。联合开展人力资源职业技术培训。

发挥好资本要素市场作用。用好五市产业投资及基础设施建设基金，重点支持跨区域基础设施、重大公共服务平台建设等。建立统一的抵押质押制度，推进异地存储、信用担保等业务同城化，培育发展区域信用服务市场。推进金融产品与服务同城化，实现企业授信标准统一、授信额度共享、信贷产品通用。统一企业登记标准，实行企业登记无差别办理。由五市负责共同建立金融协调发展工作机制及金融风险联合处置机制，强化金融监管合作和风险联防联控。推进公共资源交易平台整合，建立统一信息发布披露和数据共享制度。

激发技术供给活力。支持联合建设科技资源共享服务平台，实现知识产权信息共享互动、技术成果交易及金融服务无缝对接。探索建立企业需求联合发布机制和财政支持科技成果转化共享机制。建立区域技术交易市场联盟，共同促进技术转移转化。

培育数据要素市场。推动空间地理信息、企业法人、经济运行、公共服务等公共数据开放共享，实现数据库同步更新和一体化共享。鼓励企业建立数据联盟，共享供应链数据库。统筹布局工业互联网、数据中心等新型基础设施，构建多元协同、数智融合的算力体系。

第六章

▲

胶东经济圈一体化
发展工作动态

6

————— ▲ —————

　　胶东五市深入落实省委、省政府的部署要求，健全合作机制，创新方式方法，围绕重点领域和重点区域进行突破，五市一体化发展迈入"快车道"。在一体化工作的促动下，五市交流互动日益紧密，合作领域持续拓展，合作方式更趋多样，合作成果不断涌现。

————— ▼ —————

一、创新合作机制

（一）打造制度组织支撑体系

在山东省新旧动能转换综合试验区建设领导小组的指导下，青岛牵头建立胶东五市联席会议制度，定期召开会议，研究推进一体化发展重大事项。五市联合组建联席会议办公室（简称"联席办"），选派人员到青岛集中办公，承担联席会议日常工作，建立起调度督导、工作台账、信息简报等制度。五市分别成立一体化办公室，与联席办加强协作，牵头落实各市一体化工作。

（二）打造部门联动支撑体系

联席会议下设交通、科技等 10 个专班，与联席办紧密配合，推进落实各领域合作事项。联席办建立专班调度机制，定期汇总工作情况，会同专班协调解决重点难点问题。截至目前，已推动成立 40 多个联盟，签署 50 多个合作协议。同时，五市人大、政协以及财政、税务、文旅等系统建立起常态化对接机制，在胶东经济圈协同立法、重点领域一体化等方面深化合作。

（三）打造规划政策支撑体系

重点构建"1+N"规划政策体系，其中，"1"是指胶东经济圈"十四五"一体化发展规划，在山东省发展改革委指导下，胶东五市进行联合编制，经山东省政府同意，规划已由山东省发展改革委印发。"N"是各领域专项规划和配套政策，目前正在加快编制交通一体化规划、海洋经济一体化意见等文件，下一步将研究出台公共服务、人才、金融等配套政策。

（四）创意区域协同发展新机制

依托胶东经济圈一体化发展联席会议办，建立"9+5"城市党政主要负责人联席会议制度，设立黄河流域联盟秘书处；青岛与成都、兰州、呼和浩特签署《协同推进黄河流域生态保护和高质量发展战略合作协议》，并拟择机与西宁、银川、西安、太原、郑州、济南六市签署协议。

二、搭建融合平台

（一）用开放平台引领一体化

发挥上合示范区、自贸试验区等的开放辐射带动作用，推动政策、资源等率先在五市复制推广。牵头举办"2020·青岛·陆海联动"研讨会，五市与沿黄九省（区）省会城市签署了沿黄"9+5"城市陆海联动开放合作倡议。在北京联合举办胶东经济圈一体化推介大会，央视《新闻联播》、《人民日报》等进行了广泛报道。借助青岛东亚海洋合作平台、烟台世界工业设计大会、潍坊中日韩产业博览会等平台，增强胶东经济圈影响力。

（二）用县域平台带动一体化

联席办与胶东经济圈各县（市、区）紧密对接，赴各地调研论证，选择8个合作区开展先行先试。率先启动莱西－莱阳一体化发展先行区建设，成立山东省首个跨区域平台运营公司，两市干部交流挂职，基础设施、公共服务等一体化加快突破。坚持因地制宜，发挥优势特色，扎实推进平度－莱州－昌邑绿色化工联动区、胶州－高密临空临港协作区等的建设，为一体化探索新路子。

（三）用资本平台助力一体化

五市联合山东高速集团发起设立1000亿元的山东半岛城市群基础设施投资基金，已建立包含220个项目、总投资7733亿元的项目库。25家法人金融机构组建胶东经济圈金融合作联盟。支持五市中小微企业在蓝海股权交易中心挂牌交易，累计挂牌五市企业1718家，占全部挂牌企业的89%。五市共同发起设立胶东文旅产业发展基金，基金总规模5亿元。

三、重点推进事项

（一）推进基础设施互联互通

①高铁。潍坊至莱西高铁建成通车，潍坊至烟台高铁开工建设，莱西至荣成高铁初步设计获得省交通运输厅批复；国铁集团工管中心已完成施工图审查；京沪高铁二通道天津至潍坊段工程可行性研究报告通过专家评审。②铁路。大莱龙铁路扩能改造工程烟台段已完成正线区间抽换轨枕和更换无缝线路工程，潍坊至董家口港铁路项目研究报告编制完成。③公路。济青高速公路中线潍坊至青岛段已开工建设，明村至董家口高速公路土地预审和规划选址通过市级审查；文莱高速已通车。④港口。渤海湾港口集团总部正式落户潍坊；开通"青岛－潍坊""潍坊－威海"内贸集装箱新航线，实现了胶东五市港口间集装箱航线的直达直航；威海与省港口集团达成一系列合作意向，在威海打造港产城深度融合发展示范区；日照港大船锚地获山东海事局批复公告；山东港口陆海国际物流日照有限公司揭牌；日照港－京博输油管道工程进展顺利。⑤规划。开展青岛11号线延伸至海阳、青岛17号线经莱西延伸至莱阳、13号线延伸至日照前期工作；将青岛－平度－莱州铁路项目纳入《山东省综合交通网中长期发展规划（2018—2035年）》《环渤海地区山东半岛城市群城际铁路规划（2019—2035年）》；开展青岛至烟台高速公路项目规划研究。官路水库进入前期论证工作和施工准备工作。启动建设胶东经济圈公共数据开放专区，汇聚五市数据服务、应用场景等资源，打造胶东经济圈"数据会客厅"。

（二）推进产业创新协同共进

成立半岛科创联盟，在五市分别设立办事处，目前已有会员单位228家，开展对接1.9万余次，签约项目37个。依托海尔卡奥斯工业互联网平台，实施五市中小企业上平台工程，目前五市已有6.8万家规上企业在平台注册。聚焦重点领域，加快项目突破，荣成泰祥食品与海尔卡奥斯合作共同建设"智慧农业＋健康定制"三产融合服务平台建设；长岛弘祥海珍品与山东省海洋生物研究院合作，研究栉江珧、魁蚶等底栖贝类增养殖技术；山东海洋现代渔业有限公司中科院烟台海岸带研究所、山东大学（威海）、哈尔滨工程大学烟台研究院签署战略合作协议，重点推进装备型海洋牧场创新发展；潍坊成立胶东经济圈工业设计产业联盟、胶东经济圈海水淡化与综合利用产业联盟，举办2020胶东半岛工业设计促进季、胶东经济圈民营中小企业一体化高质量发展行动、第二届潍坊国际动力装备博览会等活动，潍坊SDL科学实验室和青岛海洋科学与技术试点国家实验室紧密合作，申报列入"十四五"国家重大科技基础设施规划；青岛特种食品研究院、青岛农业大学组织专家团队来威，与威海好当家、泰祥、宇王、浦源等企业开展产学研对接，在特种食品研发、标准制定、协同创新实验室建设等方面达成初步合作意向；南山集团与青岛四方达成共识，建立长期战略合作关系，为青岛四方批量供货轨道交通型材；日照市政府、青岛农业大学签署协议，共建青岛农业大学日照茶叶研究院；日照市政府、中国石油大学（华东）签署战略合作框架协议；日照市海洋与渔业研究所和中国海洋大学签署人才培养实习基地合作建设协议。谋划建设胶东经济圈产业协同创新基地，集聚五市创新资源和头部企业，目前项目已会审通过。

（三）推进生态环境共保联治

五市签署生态环境共保联治合作框架协议，制定一系列工作方案，共同守护美好家园。五市开展行政区域边界环境执法联动，实施重污染天气应急预报预警会商，协同推进北胶莱河等流域水污染治理联防联控，共享市级土壤污染防治专家库，共同打好蓝天、碧水、净土保卫战。烟台、威海召开两次烟威交接区域森林防火和松材线虫病防控工作联席会议，加强森林防火和林业有害生物防控工作信息共享、技术交流；潍坊与青岛、烟台建立解决胶莱河共考断面及莱州湾水质问题合作共保机制；潍河综合治理主体工程已全部完成；潍坊峡山水库战略水源地水质提升保护工程获批政府专项债券资金

4.93 亿元，官路水库复建工作全面启动；日照墙夼水库日照供水工程进行了调水试运行；烟台老岚水库建设项目已筹措到位资金 23 亿元，其中省财政安排补助资金 3 亿元，专项债券 20 亿元，并完成施工、监理招标。

（四）推进公共服务共商共享

在山东省首创政务服务"区域通办"新模式，五市网上户口迁移、居民身份证异地办理、机动车驾驶证异地申领、异地驾考和机动车异地审验、违章联网办理、住院异地就医联网结算、门诊慢性病部分定点医院异地就医联网结算等事项已全部实现。推进五市社保卡"一卡通"多领域应用，已办理 5.5 万余人次。五市人社网办业务系统已接入山东省省统一用户平台，实现了社会保险、公共就业、劳动关系、劳动监察、劳动仲裁、人事人才业务的应用系统和数据省级集中。开设五市教育资源平台访问账号，推动五市职业教育产教融合、校企合作。青岛大学附属日照医院揭牌。烟台市民卡实现与青岛市、威海市、潍坊市、日照市四市相关公共交通卡在各市的公交交通领域互联互通。

（五）共塑胶东文化旅游品牌

五市在北京、成都等地联合举办胶东文旅推介活动，胶东半岛自驾游入选文旅部十大精品线路，胶东海洋童玩季入选省文旅厅典型案例。青岛市旅游协会先后访问威海、烟台、潍坊、日照，推动建立五市行业协会互动交流新机制，谋求合作共赢新发展。青岛、威海两地旅游行业协会就协会运营模式、特色经验、发展计划等进行交流。"山海深呼吸·胶东健康行"环山东半岛黄金海岸线房车巡游"安心"之旅等活动在潍坊成功举办。联动五市组织了海洋童玩季活动，激活暑期旅游市场。结合成都青岛国际啤酒节活动，开展胶东旅游推介，在成都天府绿道桂溪生态公园举行了别开生面的旅游推介活动，诚邀成都市民游胶东。联手打造"胶东有礼"文创品牌，与美团等 OTA 合作，打造惠及五市文旅惠民消费平台。在 Facebook、Twitter 平台推出"云赏潍坊"同步推广活动。威海市举办"胶东一体化乡村公共文化服务高质量发展"主题交流研讨，助力第四批国家公共文化服务体系示范区建设。山东海洋文化旅游发展有限公司同青岛大学签订战略合作协议，在人才培养、文化研究、产学研合作平台共建等方面开展系列合作，实现互利共赢。"海纳百川——2020 胶东五城市美术馆馆藏精品展"暨五城市美术馆合作发展研讨会在烟台召开，展出五城市美术馆馆藏精品 150 余件，很好地阐释了"海纳百川"的展览主题。

附录 A

▲

山东省区域协调发展政策体系
（2018 年 9 月—2022 年 5 月）

文件名称	发文字号	发文机构	发布时间
中共山东省委、山东省人民政府关于突破菏泽、鲁西崛起的若干意见	鲁发〔2018〕39 号	山东省人民政府	2018-9-6
关于支持菏泽市及鲁西其他四市发展若干政策的通知	鲁政办发〔2019〕13 号	山东省人民政府办公厅	2019-4-22
关于积极融入京津冀协同发展战略促进我省制造业高质量发展的通知		山东省工业和信息化厅	2019-8-1
山东省实施淮河生态经济带发展规划工作方案		山东省发展和改革委员会	2019-11-15
山东省人民政府关于加快胶东经济圈一体化发展的指导意见	鲁政发〔2020〕2 号	山东省人民政府	2020-1-9
贯彻落实《中共中央 国务院关于建立更加有效的区域协调发展新机制的意见》的实施方案		山东省人民政府	2020-2-14
胶东半岛城市群政务服务帮办代办合作协议		胶东五市行政审批服务局	2020-5-29
山东省人民政府关于加快省会经济圈一体化发展的指导意见	鲁政发〔2020〕8 号	山东省人民政府	2020-6-8
山东省人民政府关于加快鲁南经济圈一体化发展的指导意见	鲁政发〔2020〕9 号	山东省人民政府	2020-6-8
胶东经济圈一体化金融战略合作协议		胶东五市地方金融监督管理局	2020-6-17
胶东半岛交通一体化发展备忘录		胶东五市交通运输局	2020-7-18

续表

文件名称	发文字号	发文机构	发布时间
胶东经济圈医疗保障一体化发展行动方案		胶东五市医保局	2020-7-24
胶东经济圈农业一体化发展战略合作框架协议		胶东五市农业农村局	2020-7-28
胶东经济圈卫生健康一体化发展合作框架协议		胶东五市卫健委	2020-8-7
胶东经济圈社会保险一体化发展工作合作协议		胶东五市社保中心	2020-8-12
胶东经济圈一体化市场监管合作协议		胶东五市市场监管局	2020-8-13
胶东五市教育协同发展战略合作框架协议		胶东五市教育局	2020-8-27
胶东五市海洋经济一体化发展合作协议		胶东五市海洋经济主管部门	2020-9-21
胶东经济圈住房公积金一体化发展合作协议		胶东五市住房公积金管理中心	2020-10-27
中共山东省委关于制定山东省国民经济和社会发展第十四个五年规划和二〇三五年远景目标的建议		中共山东省省委	2020-12-7
关于推进胶东经济圈城市信用建设一体化发展合作备忘录		胶东五市发改委	2020-12-8
关于进一步深化户籍管理制度改革促进城乡融合区域协调发展的通知	鲁政办字〔2020〕176号	山东省人民政府办公厅	2021-1-1
关于印发《胶东经济圈一体化发展议事规则》的通知	胶联办发〔2021〕1号	胶东经济圈一体化发展联席会议办公室	2021-6-7
关于印发《胶东经济圈一体化发展2021年工作要点》的通知	胶联办发〔2021〕2号	胶东经济圈一体化发展联席会议办公室	2021-6-7

续表

文件名称	发文字号	发文机构	发布时间
山东省"十四五"现代物流发展规划	鲁发改经贸〔2021〕542 号	山东省发展和改革委员会	2021-7-2
山东省发展和改革委员会关于印发胶东经济圈"十四五"一体化发展规划的通知	鲁发改动能办〔2021〕584 号	山东省发展和改革委员会	2021-7-17
关于山东省创建国家区域医疗中心实施方案（2021—2025 年）的批复	鲁政字〔2021〕148 号	山东省人民政府	2021-8-17
省会经济圈"十四五"一体化发展规划		山东省发展和改革委员会	2021-8-27
胶东经济圈"十四五"一体化发展规划		山东省发展和改革委员会	2021-8-27
鲁南经济圈"十四五"一体化发展规划		山东省发展和改革委员会	2021-8-27
山东省发展和改革委员会关于印发烟台黄渤海新区发展规划的通知		山东省发展和改革委员会	2021-12-31
山东省人民政府关于印发山东半岛城市群发展规划的通知	鲁政发〔2021〕24 号	山东省人民政府	2022-1-6
山东省发展和改革委员会关于印发莱西莱阳一体化发展先行区建设实施方案的通知	鲁发改动能办〔2022〕10 号	山东省发展和改革委员会	2022-1-7
山东省黄河流域生态保护和高质量发展规划		中共山东省委、山东省人民政府	2022-2-22
关于印发《胶东经济圈同城便捷生活行动方案》的通知	胶联办发〔2022〕1 号	胶东经济圈一体化发展联席会议办公室	2022-4-22
关于印发胶东经济圈一体化发展"十四五"规划任务分工方案、2022 年工作要点和工作台账的通知	鲁动能办〔2022〕7 号	山东省新旧动能转换综合试验区建设领导小组办公室	2022-4-26

附录 B

▲
————

胶东经济圈一体化发展大事记
（2020 年 1 月—2022 年 5 月）

2020 年 1 月 9 日　山东省政府印发《关于加快胶东经济圈一体化发展的指导意见》，提出加快胶东经济圈青岛、烟台、威海、潍坊、日照等市一体化发展，构建合作机制完善、要素流动高效、发展活力强劲、辐射作用显著的区域发展共同体，打造全省高质量发展强劲引擎。

2020 年 5 月 7 日　胶东经济圈一体化发展工作推进会议召开，标志着胶东经济圈一体化发展的各项工作全面启动。

2020 年 5 月 19 日　胶东经济圈文化旅游合作联盟成立大会举行。五市签署《胶东经济圈文化旅游一体化高质量发展合作框架协议》，宣布成立胶东经济圈文化旅游合作联盟，构建区域文化和旅游发展共同体，促进胶东五市文化和旅游一体化高质量发展。

2020 年 5 月 29 日　胶东五市签署《胶东半岛城市群政务服务帮办代办合作协议》，建立"线上一网通办、线下异地可办"工作机制，在全省首创政务服务"区域通办"的新模式。

2020 年 6 月 8 日　山东省政府新闻办召开新闻发布会，解读《贯彻落实〈中共中央　国务院关于建立更加有效的区域协调发展新机制的意见〉的实施方案》和三大经济圈一体化发展指导意见（《关于加快胶东经济圈一体化发展的指导意见》《关于加快省会经济圈一体化发展的指导意见》《关于加快鲁南经济圈一体化发展的指导意见》）。胶东五市将共建高效交通圈、互补产业圈、国际朋友圈、幸福生活圈和绿色生态圈。

2020 年 6 月 17 日　胶东五市签署《胶东经济圈一体化金融战略合作协议》，推动胶东经济圈金融资源一体化，更好地服务实体经济。

2020 年 6 月 20 日　胶东五市签署《胶东经济圈体育协同发展联盟战略合作协议》《胶东经济圈城市足球联盟合作协议》，成立胶东经济圈体育协同发展联盟、胶东经济圈城市足球联盟，共同构建区域体育发展共同体。

2020 年 7 月 3 日　胶东半岛养老服务联盟成立，胶东五市签署《胶东半岛养老服务联盟合作框架协议》，根据协议，五市养老机构所服务的老年人能力评估结果互认，参加联盟的五市养老机构所服务的老年人可异地入住。

2020 年 7 月 3 日　胶东经济圈公共就业与人才服务联盟成立，推出 24 项人社一体化合作事项，为区域协调发展、高质量发展提供人社支撑和保障。

2020 年 7 月 18 日　胶东半岛交通一体化发展论坛暨山东胶东半岛交通发展促进会成立大会举行，胶东五市签署《胶东半岛交通一体化发展备忘录》，共同致力于打造机制健全完善、要素高效流动、全域辐射带动的交通一体化发展共同体。

2020 年 7 月 18 日　胶东五市签署《胶东五市城市通 APP 共享业务合作框架协议》，成立胶东五市交通一卡通区域联盟。

2020 年 7 月 24 日　胶东五市发布《胶东经济圈医疗保障一体化发展行动方案》，标志着胶东五市医疗保障一体化发展协同推进机制正式建立。

2020 年 7 月 28 日　胶东五市签署《胶东经济圈农业一体化发展战略合作框架协议》，在农业产业协同发展、打造农业开放合作新平台、推进农产品市场流通一体化、农业科技创新一体化、农业安全防控一体化、农业经营主体联合发展等 6 个方面 16 项工作中通力合作。

2020 年 8 月 7 日　胶东五市签署《胶东经济圈卫生健康一体化发展合作框架协议》，在医药卫生体制改革、重点疾病防控、医疗服务、基层卫生、妇幼健康、卫生应急管理等方面开展多层次、宽领域、创新型的全面战略合作。

2020 年 8 月 8 日　2020 青岛陆海联动研讨会举行，研讨会以"东西互济、陆海联动、开放协作、共促'双循环'"为主题，邀请沿黄九省（自治区）省会（首府）城市、胶东经济圈五市以及部分陆港企业和现代服务业企业，围绕"东西互济、陆海联动、开放协作、共促'双循环'"主题进行深入交流探讨，推动形成东西双向互济、陆海内外联动的开放新格局。

2020 年 8 月 12 日　胶东五市签署《胶东经济圈社会保险一体化发展工作合作协议》，聚焦社保待遇资格认证、社保关系转移接续、社保卡应用、工伤认定、劳动能力鉴定和医学专家库、社会保险稽查等六个方面开展合作。

2020 年 8 月 13 日　胶东五市签署《胶东经济圈一体化市场监管合作协议》，为区域内共建高效治理体系、共促联动协作机制、共创一流营商环境提供保障。

2020 年 8 月 27 日　胶东五市教育协同发展联盟成立大会召开，胶东五市签署《胶东五市教育协同发展战略合作框架协议》，成立胶东五市教育协同发展联盟，打造高质量区域教育发展新高地。

2020 年 9 月 3 日　胶东经济圈联席会议办公室正式成立，办公地点设在青岛市发展改革委，职责是承担联席会议日常工作，工作人员由五市发改部门统一选派。

2020 年 9 月 17 日　半岛科创联盟成立，进一步打通科技要素的流通渠道，凝聚成强大的创新驱动合力，推动胶东经济圈一体化高质量发展。

2020 年 9 月 21 日　胶东五市签署《胶东五市海洋经济一体化发展合作协议》，成立山东海洋经济团体联盟，共同推动胶东海洋经济一体化高质量发展。

2020 年 10 月 27 日　胶东五市签署《胶东经济圈住房公积金一体化发展合作协议》，深入推进互认互贷，确保胶东五市贷款职工享有同等权益。

2020 年 11 月 18 日　胶东经济圈博士后平台协作"1+5"联盟成立,打造胶东经济圈博士后平台协作紧密联合体,推进跨地区博士后平台合作,加快创新合作、成果转化、产融结合。

2020 年 11 月 21 日　胶东五市半岛中医联盟成立,胶东五市共同打造高效互联的中医药发展共同体。

2020 年 11 月 24 日　胶东五市成立胶东经济圈智慧城市发展联盟,加强新型智慧城市规划衔接和基础数据资源互通共享,推动数据资源的共享使用。

2020 年 11 月 27 日　胶东五市住房城乡建设一体化发展第一次工作会议在青岛召开,胶东五市建筑业协会发展联盟、胶东五市房地产业协会发展联盟、胶东五市物业管理协会发展联盟、胶东五市绿色城市发展联盟揭牌,五市签署《胶东五市住房城乡建设一体化发展合作备忘录》《胶东五市物业管理行业一体化发展合作备忘录》,胶东五市住房城乡建设一体化发展工作迈出实质性步伐。

2020 年 12 月 8 日　由青岛、烟台、潍坊、威海、日照五市人民政府主办的胶东经济圈一体化推介大会在北京举行。大会以"融入新发展格局 打造新的增长极"为主题,搭建资源对接新平台,共享胶东经济圈一体化发展红利,共话合作,共谋发展。会上发起设立了山东半岛城市群基础设施投资基金,签署了《关于推进胶东经济圈城市信用建设一体化发展合作备忘录》等七个合作协议。

2020 年 12 月 29 日　胶东经济圈医院协同发展联盟成立,胶东五市医疗机构将在医院管理、学科建设、人才培养等领域开展深度合作。

2021 年 1 月 5 日　由青岛发改委带队,胶东经济圈联席办赴莱阳开发区座谈调研莱西莱阳一体化发展先行区事宜。

2021 年 1 月 12 日　由青岛市发改委带队,胶东经济圈联席办人员赴高密市临港经济区调研并座谈交流。

2021年3月4日　胶东经济圈人事考试"5+1"联盟成立暨第一次签约仪式在青岛举行，审议通过人事考试联盟章程，联合签署《人事考试"5+1"联盟第一次合作协议》。

2021年3月11日　为助推青潍一体化率先发展，胶州市与寿光市签订《跨区通办协议》。

2021年3月17—22日　举办"2021年山东半岛蓝色经济区（胶东经济圈）招才引智名校行活动"。来自山东半岛蓝色经济区七城市的62家用人单位，赴西安交通大学、中南大学等重点高校开展招才引智活动，提供岗位4900余个。

2021年3月26日　由青岛市影视制片人协会发起的半岛影视行业联盟在青岛成立。

2021年4月1日　胶东经济圈一体化发展推进会议在济南召开。会议强调推动胶东经济圈一体化发展对发挥山东半岛城市群龙头作用具有重要意义，要做优做强做大"海"的文章，在山东半岛城市群高质量发展中当好先锋，为黄河流域生态保护和高质量发展作出贡献，推动高质量发展上展现新作为、争当排头兵。省领导和省直有关部门主要负责同志在主会场参加会议。胶东经济圈五市设分会场。

2021年4月15日　胶东经济圈文化和旅游一体化联盟召开第二次工作会议。

2021年4月20日　胶东经济圈人事考试联盟与成都市人事考试中心战略合作签约仪式在成都人事考试基地举行，签订胶蓉战略合作框架协议。

2021年4月20日　胶东五市举行警务协作一体化机制启动仪式，签署胶东五市警务协作一体化机制框架协议。

2021年4月21—22日　山东省发改委调研组来青调研。通过座谈会、现场调研等形式，重点了解胶东经济圈海洋、文旅、创新、产业等领域一体化情况。调研组考察了海洋科技国家实验室、山东易华录、智慧航海科技公司等。

2021 年 4 月 27 日　启动文化和旅游惠民消费促进活动，于 4—10 月开展 2021 年青岛旅游消费促进活动并惠及胶东五市；发布九条红色旅游产品线路。

2021 年 5 月 12 日　胶东经济圈公共就业与人才服务联盟联席会议 2021 年度第一次会议在青岛召开。

2021 年 5 月 12 日　胶东经济圈大数据高峰论坛成功举办，举行胶东经济圈公共数据开放专区建设启动仪式。

2021 年 5 月 12—13 日　胶东经济圈公共就业和人才服务联盟和谐劳动关系推进会在青岛召开，发布《推动电子劳动合同高质量发展"青岛共识"》。

2021 年 5 月 24 日　《胶东五市海岸警察警务协作办法（试行）》正式签署。

2021 年 5 月 25 日　举办"拥抱海洋"海洋研学旅游产业促进活动暨中国（青岛）研学旅游创新发展大会，胶东研学旅游产业联盟正式成立。

2021 年 6 月 1 日　鲁南经济圈联席办到胶东经济圈考察调研。

2021 年 6 月 7 日　"好客山东 海阔天空"胶东文旅联盟上海文旅推介会在上海成功举办。

2021 年 6 月 8 日　"第二届胶东经济圈交通一体化发展工作推进会暨智慧交通与大数据应用创新发展论坛"在青岛市召开，会上举行了胶东经济圈交通一体化重大建设项目启动仪式。

2021 年 6 月 11 日　青岛 2021 年农产品"产销对接"洽谈会暨促消费活动在中农超·莱西农商城启动，签署《胶东经济圈城市生活必需品供应保障一体化发展联盟倡议书》。

2021 年 6 月 12 日　举办 2021 年"文化和自然遗产日"系列活动启动仪式暨"传承与共享"胶东五市非遗创意市集。

2021 年 6 月 22 日　胶东五市高速警务协作一体化工作第一次会议召开，

签署《胶东五市高速警务协作一体化协作协议》。

2021年6月22—23日 胶东经济圈工业互联网峰会在烟台市举办，峰会以"工赋胶东·数领未来"为主题，探索工业互联网赋能胶东工业经济路径，打造数字经济引领高质量发展核心引擎。

2021年6月23日 胶东经济圈一体化发展统计协作联席会议在青召开，胶东五市共同签署《胶东经济圈一体化发展统计协作议事规则》。

2021年6月24日 《胶东五市交通运输信息资源交换共享方案》正式发布，这是第二届胶东经济圈交通一体化发展工作推进会及胶东五市交通运输信息中心联席会议后首个落地的信息化成果，标志着五市交通运输信息资源共享工程再加速。

2021年6月25日 胶东经济圈首届大学生职业生涯规划大赛颁奖仪式在西海岸新区举办。省人力资源和社会保障厅、胶东五市人力资源和社会保障局有关领导出席。

2021年6月29日 胶东经济圈一体化发展青潍四市产业对接座谈会暨龙头企业战略协议签约仪式在胶州举行，潍坊福田汽车、青岛软控机电等18家重点企业签署了战略合作协议。

2021年6月30日 山东半岛城市群基础设施投资基金合伙协议签约仪式在青岛举行。总规模1000亿元的山东半岛城市群基础设施投资基金由胶东五市财政部门联合山东高速集团发起设立，主要投向胶东经济圈基础设施建设项目、城市升级改造项目。

2021年7月1日 青岛市政府召开全市推进胶东经济圈一体化发展工作视频会议，青岛市主要领导出席并讲话，市政府副秘书长主持会议，10个区（市）设分会场。

2021年7月8日 青岛市委政研室组织召开工作座谈会，深入贯彻落实胶东经济圈一体化发展战略，着力推动重点工作率先突破、加快发展。

2021年7月17日 《胶东经济圈"十四五"一体化发展规划》印发，

这是指导胶东经济圈一体化发展的纲领性文件，也是制定相关规划和政策的重要依据。

2021 年 7 月 21 日　胶诸文旅一体化发展签约仪式暨诸城文旅宣传推介会在胶州举行，签署《推进文旅一体化发展战略合作框架协议》。

2021 年 8 月 13 日　山东省人大常委会法制工作委员会召开了胶东经济圈协同立法工作视频会议。

2021 年 8 月 31 日　胶东经济圈一体化发展工作会议在青岛召开。山东省发展改革委，烟台、潍坊、威海、日照各市分管市领导，胶东五市有关部门负责同志，有关区（市）分管负责同志参加会议。会议讨论研究了举办首届胶东经济圈合作发展大会，共建重点领域产业链联盟，加快建设莱西 – 莱阳一体化发展先行区、平度 – 莱州 – 昌邑绿色化工联动区，高水平编制《胶东经济圈交通一体化近期建设规划》等议题。

2021 年 9 月 9 日　胶东五市签署《胶东经济圈知识产权行政保护一体化协作协议》，标志着胶东经济圈在探索建立跨区域知识产权保护协作方面迈出重要一步。

2021 年 9 月 10 日　胶东五市机关党建协作机制筹备会暨知识产权公共服务联盟签约仪式在青岛市举行。胶东五市知识产权公共服务融合一体化协同发展机制正式建立，共同研讨新形势下以党建引领胶东经济圈一体化发展的路径。

2021 年 9 月 23 日　胶东经济圈台港澳交流合作协同发展联盟成立大会在青岛举行，胶东五市台港澳工作办公室正式签署《胶东经济圈台港澳交流合作协同发展联盟合作框架协议》，构建五市台港澳工作优势互补、协同发展平台，推动五市台港澳工作资源共享、共赢发展。

2021 年 9 月 25 日　第九期"山海观"论坛暨"开放格局下胶东经济圈一体化发展"研讨会召开。

2021 年 9 月 26 日　召开胶东五市公安机关情指系统警务协作一体化第

一次联席会议暨协作机制签署仪式，签署《胶东五市公安机关情指系统警务协作一体化运行机制》。

2021 年 10 月 9 日　在包头举办"好客山东 海阔天空"胶东文旅联盟包头推介会，包头市文化和旅游局与胶东五市文旅局签订战略合作协议。

2021 年 10 月 26 日　2021 世界工业互联网产业大会胶东五市工业互联网赋能高峰论坛举行，与会嘉宾就探索工业互联网区域合作新模式等问题展开讨论。

2021 年 11 月 15 日　省新旧动能转换综合试验区建设办公室组织召开莱西莱阳一体化发展先行区建设方案专家研讨会，听取对建设方案的意见建议。

2021 年 11 月 23 日　胶东经济圈疾病预防控制中心实验室合作协议签订仪式暨卫生检验和海洋食品风险监测评估技术论坛在青举行，五市疾控中心签署《胶东经济圈疾病预防控制中心实验室一体化发展合作框架协议》。

2021 年 12 月 1 日　山东省商务厅印发《关于成立胶东经济圈一体化对外开放专班的通知》。

2021 年 12 月 2 日　在第二十一届中国青岛蓝色经济国际人才暨产学研洽谈会上，胶东五市与东营、滨州共同签订"胶东才赋·同城礼遇"合作协议，同时成立胶东暨蓝区人力资源服务业（园区）发展联盟。

2021 年 12 月 7 日　召开胶东五市网安警务协作一体化机制联席会议暨协作机制签署仪式，签署《胶东五市网安警务协作"1+3+3"一体化机制实施方案》。

2021 年 12 月 16 日　省会经济圈联席办一行到莱西经济开发区调研莱西莱阳一体化发展先行区。

2021 年 12 月 31 日　召开胶东五市社会治安防控区域协作一体化机制联席会暨协作机制签署仪式，签署《胶东五市公安机关社会治安防控区域协作一体化机制协议》。

2021 年 12 月 31 日　青岛市人民政府与潍柴控股集团有限公司签署战略合作备忘录，并就潍柴动力全球未来科技研发中心、潍柴动力（青岛）科技孵化中心、潍柴（青岛）海洋装备制造中心等项目签订一揽子战略合作协议。

2022 年 1 月 14 日　胶东经济圈第二届大学生职业生涯规划大赛启动。山东省大学生职业生涯规划邀请赛暨胶东经济圈第二届大学生职业生涯规划大赛在青岛举办。大赛由胶东五市人社局联合山东大学（青岛）共同主办，通过线上线下方式直播启动仪式，113 万名大学生在线观看。大赛以"智汇胶东·共赢未来"为主题，辐射省内 91 所高校 178 万在校大学生。

2022 年 1 月 17 日　胶东五市开展交通运输联合执法保障春运。为做好 2022 年春运执法保障工作，青岛市交通运输执法支队联合烟台、潍坊、威海、日照等地交通运输执法部门，开展胶东五市跨区域联合执法行动。

2022 年 1 月 19 日　《莱西莱阳一体化发展先行区建设实施方案》经山东省政府同意，由山东省发展改革委正式印发实施，标志着山东省首个区域一体化发展先行区获批建设。

2022 年 1 月 21 日　山东省首个区域协同立法项目《海洋牧场管理条例》获批。该条例的出台标志着胶东经济圈地方立法协同工作迈出了坚实一步，对进一步推动和保障海洋牧场有序健康发展，打造山东海上"绿水青山"具有重要意义。

2022 年 2 月 16 日　胶东经济圈首次实现跨市公交同站换乘。日照公交 35 路和青岛真情巴士 902 路在王家滩站实现了同站零距离换乘。这是胶东五市间首次实现两市市际公交同站换乘，对推动胶东经济圈交通一体化进程，促进日照、青岛两地市民交流具有重要意义，也为加快胶东经济圈其他城市之间的互联互通提供了样板。

2022 年 2 月 21—22 日　山东省发展改革委率鲁南经济圈调研组调研双莱先行区。调研组在莱西市经济开发区管委召开座谈会，了解先行区建设背景、进展情况等，并实地调研了双莱跨境电商产业园、山汽产业园、鲁花集团等一体化重点企业。

2022 年 2 月 22 日　山东预制菜产业联盟成立。

2022 年 2 月 26 日　"黄岛 - 日照 - 岚山" 2022 年山东港口首条外贸内支线开通投运。"盛达和旭"轮驶离山东港口日照港石臼港区西区，标志着山东港口 2022 年首条外贸内支线"黄岛 - 日照 - 岚山"航线正式开通，预计每年可为山东港口增加 17.6 万标箱吞吐量。这是继威海线、烟台线后第三组定班运行的"山港快线"，有力推动了青岛港、日照港和航运集团的全面融合，更是山东港口提升整体服务能力，助力胶东经济圈发展的有力举措。

2022 年 4 月 22 日　经青岛、烟台、潍坊、威海、日照五市市政府同意，胶东经济圈一体化发展联席会议办公室印发《胶东经济圈同城便捷生活行动方案》，聚焦道路交通、就业社保、教育文化、政务服务、医疗服务、权益保护等 6 大领域 25 项重点任务，联合开展同城便捷生活行动，强化公共服务资源共享和政策协同，共建跨区域公共服务平台，共同打造国内一流的宜居宜业宜游高品质生活地。

参考文献

————— ▲ —————

BENINI R，CZYZEWSKI A, 2008. Regional disparities and economic growth in Russia: New growth patterns and catching up[J]. Economic change and restructuring, 40（1-2）: 91-135.

EDUARDO R-O, 2005. Regional disparities and determinants of growth in Mexico[J]. The annals of regional science, 39（2）: 207-220.

HAHN F H, 1958. Location and space-economy[J]. The economic journal, 68（270）: 90-90.

JEN M N, 1944. Comment on theory of location of industries[J]. 地理学报: 75-79.

JEWKES J, 1933. Theory of Location of Industries by Weber A.，Friedrich C. J.[J]. The economic journal, 43（171）: 106-106.

KRUGMAN P, 1991. Increasing returns and economic geography[J]. Journal of political economy, 99（3）: 483-499.

LU F, 2021. Analysis and reflection on the spatial distribution of Taobao Village in Henan Province under the background of digital economy[J]. Scientific journal of economics and management research, 3（7）: 115-123.

OZKAN U R，SCHOTT S, 2013. Sustainable development and capabilities for the polar region[J]. Social indicators research, 114（3）: 1259-1283.

RENARD M-F, 2002. A pessimistic view on the impact of regional inequalities[J]. China economic review, 13（4）: 341-344.

YANG D T, 2002. What has caused regional inequality in China [J]. China economic review, 13（4）: 331-334.

陈栋生，1992. 90 年代的生产力布局与区域经济 [J]. 投资研究（1）: 13-18.

陈韶晖，2020. 新时代区域协调发展的评价体系、实际测度与优化路径 [D/OL]. 杭州：浙江大学 . DOI:10.27461/d.cnki.gzjdx.2020.000935.

陈修颖，2003. 福建省区域空间结构重组与台海经济圈建设 [J]. 福建论坛（经济社会版）（2）：50-53.

陈秀山，徐瑛，2004. 中国区域差距影响因素的实证研究 [J]. 中国社会科学（5）：117-129，207.

陈自芳，叶肖平，1997. 论体制改革的区域效应与非极化不平衡发展 [J/OL]. 中共浙江省委党校学报（5）：33-41. DOI:10.15944/j.cnki.33-1010/d.1997.05.006.

樊杰，王亚飞，2019. 40 年来中国经济地理格局变化及新时代区域协调发展 [J/OL]. 经济地理，39（1）：1-7. DOI:10.15957/j.cnki.jjdl.2019.01.001.

樊杰，赵浩，郭锐，2022. 我国区域发展差距变化的新趋势与应对策略 [J/OL]. 经济地理，42（1）：1-11. DOI:10.15957/j.cnki.jjdl.2022.01.001.

樊明，2004. 不同经济制度条件下的区域差异 [J/OL]. 经济经纬（1）：60-63. DOI:10.15931/j.cnki.1006-1096.2004.01.018.

范柏乃，张莹，2021. 区域协调发展的理念认知、驱动机制与政策设计：文献综述 [J]. 兰州学刊（4）：115-126.

方创琳，2021. 新发展格局下的中国城市群与都市圈建设 [J/OL]. 经济地理，41（4）：1-7. DOI:10.15957/j.cnki.jjdl.2021.04.001.

方若楠，吕延方，崔兴华，2021. 中国八大综合经济区高质量发展测度及差异比较 [J]. 经济问题探索（2）：111-120.

冯健，周一星，2003. 中国城市内部空间结构研究进展与展望 [J]. 地理科学进展（3）：204-215.

冯江茹，范新英，2014. 中国区域协调发展水平综合评价及测度 [J/OL]. 企业经济（8）：136-139. DOI:10.13529/j.cnki.enterprise.economy.2014.08.029.

冯垚，2006. 城市群理论与都市圈理论比较 [J]. 理论探索（3）：96-98.

葛春晖，张振广，2018. 经济地理视角下武汉城市圈协同发展思考 [J]. 规划师，34（9）：37-43.

顾朝林，郭婧，运迎霞，等，2015. 京津冀城镇空间布局研究 [J]. 城市与区域规划研究，7（1）：88–131.

顾朝林，庞海峰，2007. 中国城市集聚区的演化过程 [J]. 城市问题（9）：2–6.

顾玉雪，2020. 胶东经济圈：一体化发展的半岛引擎 [J]. 齐鲁周刊（12）：16–21.

韩欢，2020. 都市圈到城市群：区域一体化的演进路径：基于长江三角洲区域的研究 [J/OL]. 改革与战略，36（8）：103–110. DOI:10.16331/j.cnki.issn1002–736x.2020. 08.012.

贺新元，2020. 新中国成立以来国家区域发展战略思想及格局的历史演进和经验启示 [J]. 中国井冈山干部学院学报，13（4）：38–47.

胡星，2021. 空间相互作用与特大型城市引领都市圈、城市群发展研究：以郑州都市圈为例 [J/OL]. 中国名城，35（11）：31–36. DOI:10.19924/j.cnki.1674–4144. 2021.11.004.

胡序威，2009.《中国城市化格局·过程·机理》简评 [J]. 地理学报，64（4）：508.

胡序威，1998. 沿海城镇密集地区空间集聚与扩散研究 [J]. 城市规划（6）：22–28, 60.

姜文仙，2011. 区域协调发展的动力机制研究 [D]. 广州：暨南大学.

李红锦，2007. 区域经济增长理论述评 [J/OL]. 生产力研究（7）：138–139. DOI:10. 19374/j.cnki.14–1145/f.2007.07.060.

李锐，2013. 西安都市圈演变历程分析 [J]. 经济视角（下旬刊）（12）：25–26, 30.

李小建，樊新生，2006. 欠发达地区经济空间结构及其经济溢出效应的实证研究：以河南省为例 [J]. 地理科学（1）：1–6.

廖耀华，徐凯赟，2019. 新时代区域高质量协调发展战略内涵、机理及路径 [J]. 宁夏社会科学（3）：12–17.

林昆勇，2022. 中国海洋科技创新发展的历程、经验及建议 [J]. 当代中国史研究，29（1）：154.

刘慧，2006. 区域差异测度方法与评价 [J]. 地理研究（4）：710–718.

刘耀彬，郑维伟，2022. 新时代区域协调发展新格局的战略选择 [J/OL]. 华东经济管理，36（2）：1-11. DOI:10.19629/j.cnki.34-1014/f.211223011.

刘再兴，1989. 区域联合中区际利益的协调问题 [J/OL]. 开发研究（6）：3-7.DOI:10.13483/j.cnki.kfyj.1989.06.001.

陆大道，1986. 二〇〇〇年我国工业生产力布局总图的科学基础 [J]. 地理科学（2）：110-118.

陆大道，1989. 空间结构理论与区域发展 [J]. 科学（2）：108-111，159.

陆大道，2002. 关于"点－轴"空间结构系统的形成机理分析 [J]. 地理科学（1）：1-6.

陆大道，1997. 地区合作与地区经济协调发展 [J]. 地域研究与开发（1）：45-48，67.

陆玉麒，1998. 双核型空间结构模式的探讨 [J]. 地域研究与开发（4）：45-49.

陆玉麒，朱东风，1998. 苏皖沿江地区城市空间结构的定量分析 [J]. 现代城市研究（6）：12-15，61.

罗杰劢，张晓林，田贞，2022. 成渝地区双城经济圈体育产业一体化发展探究 [J]. 体育文化导刊（4）：90-95，110.

马燕坤，肖金成，2020. 都市区、都市圈与城市群的概念界定及其比较分析 [J]. 经济与管理，34（1）：18-26.

苗洁，吴海峰，2014. 中国区域协调发展研究综述 [J/OL]. 开发研究（6）：1-5. DOI:10.13483/j.cnki.kfyj.2014.06.001.

庞玉萍，2013. 中国区域空间结构的优化与区域协调发展 [D]. 武汉：武汉大学.

覃成林，崔聪慧，2019. 粤港澳大湾区协调发展水平评估及其提升策略 [J]. 改革（2）：56-63.

覃成林，郑云峰，张华，2013. 我国区域经济协调发展的趋势及特征分析 [J/OL]. 经济地理，33（1）：9-14. DOI:10.15957/j.cnki.jjdl.2013.01.002.

宋准，孙久文，夏添，2020. 城市群战略下都市圈的尺度、机制与制度 [J]. 学术研究，（9）：92-99.

唐承辉，马学广，2020. 山东半岛城市群协调发展评价与合作策略研究 [J]. 地理与地理信息科学，36（6）：119-126，133.

汪光焘，李芬，刘翔，等，2021. 新发展阶段的城镇化新格局研究：现代化都市圈概念与识别界定标准 [J/OL]. 城市规划学刊（2）：15-24. DOI:10.16361/j.upf.202102004.

魏后凯，1995. 区域经济发展的新格局 [M]. 昆明：云南人民出版社.

魏后凯，1996. 促进地区经济协调发展的两个政策问题 [J]. 经济学动态（8）：24-27.

夏艳艳，关凤利，冯超，2022. 新时代中国区域协调发展的新内涵及时代意义 [J]. 学术探索（3）：45-53.

杨德勇，贾丰源，卢帅瑜，2022. 中国区域协调发展的现实困境及国际经验借鉴 [J/OL]. 区域经济评论（1）：39-44. DOI:10.14017/j.cnki.2095-5766.2022.0005.

姚常成，2019. 多中心空间结构视角下新时代中国城市群的协调发展研究 [D]. 长春：吉林大学.

袁惊柱，2018. 区域协调发展的研究现状及国外经验启示 [J/OL]. 区域经济评论（2）：132-138. DOI:10.14017/j.cnki.2095-5766.2018.0047.

曾宪奎，2021. 构建新发展格局：背景、重点与战略路径 [J]. 马克思主义研究（10）：60-68.

张炳君，刘晨，2021. 推进胶东经济圈一体化发展路径分析 [J]. 中共青岛市委党校、青岛行政学院学报（5）：35-42.

张首魁，赵宇，2020. 中国区域协调发展的演进逻辑与战略趋向 [J/OL]. 东岳论丛，41（10）：66-76+191. DOI:10.15981/j.cnki.dongyueluncong.2020.10.009.

张燕，魏后凯，2012. 中国区域协调发展的 U 型转变及稳定性分析 [J]. 江海学刊（2）：78-85，238.

甄峰，顾朝林，2000. 广东省区域空间结构及其调控研究 [J/OL]. 人文地理（4）：

10-15. DOI:10.13959/j.issn.1003-2398.2000.04.003.

周起业，1957. 我国农业区划基本问题的探讨 [J]. 地理学报（2）：127-144.

周绍杰，王有强，殷存毅，2010. 区域经济协调发展：功能界定与机制分析 [J/OL]. 清华大学学报（哲学社会科学版），25（2）：141-148，161. DOI:10.13613/j.cnki. qhdz.001848.

周一星，曹广忠，1998. 中国城市人口可比增长速度的空间差异（1949—1995）[J]. 经济地理（1）：27-34.